Nützliche Reisetips von A - Z

Kanalinseln

Jersey, Guernsey,
Alderney, Herm und Sark

1993
Hayit Verlag, Köln

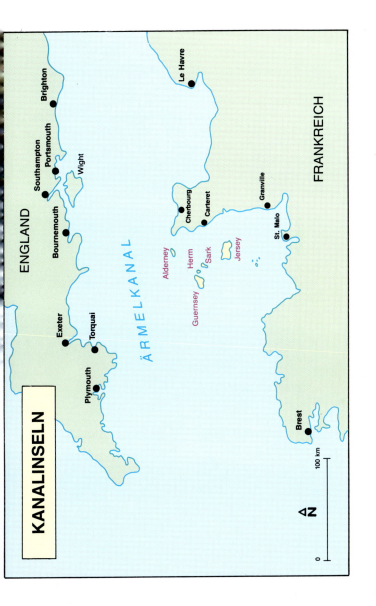

Die Deutsche Bibliothek — CIP-Einheitsaufnahme

Schueler, Jeannette:
Kanalinseln : Jersey, Guernsey, Alderney, Herm und Sark /
[Jeannette Schueler]. - 1. Aufl. - Köln : Hayit, 1993
   (Nützliche Reisetips von A - Z)
   ISBN 3-89210-531-6
NE: HST

1. Auflage 1993
ISBN 3-89210-531-6

© copyright 1993, Hayit Verlag GmbH, Köln
Autorin: Jeannette Schueler
Übersetzung aus dem Holländischen: Sabine Alves
Satz: Hayit Verlag GmbH, Köln
Druck: Druckhaus Cramer, Greven
Fotos: J. Schueler, Unitravel B.V., Tourism Committee Jersey, Guernsey
Karten: Ralf Tito

2.6/01/3/Hu/Wa/Hm

Alle Rechte vorbehalten   All rights reserved
Printed in Germany

Was Sie beim Gebrauch dieses Buches wissen sollten

➡ Bücher der Serie „Nützliche Reisetips von A—Z" bieten Ihnen eine Vielzahl von handfesten Informationen. In alphabetischer Reihenfolge klar gegliedert, finden Sie die wichtigsten Hinweise für Ihre Urlaubsreise. Querverweise erleichtern die Orientierung, so daß man, auch wenn das Stichwort nicht näher beschrieben wird, jederzeit den ausführlich behandelten Begriff.

➡ Mit Reiseführern der Serie „Nützliche Reisetips von A—Z" beginnt die umfassende Information bereits vor Antritt Ihrer Urlaubsreise. So erfahren Sie alles von Anreise über Dokumente und Kartenmaterial bis zu Zollbestimmungen. Das Reisen im Land wird erleichtert durch umfassende Darstellung der öffentlichen Verkehrsmittel, Autoverleihe sowie durch viele praktische Tips von der Ärztlichen Versorgung bis zu den (deutschsprachigen) Zeitungen im Urlaubsland.

➡ Die Städtebeschreibungen, die ebenfalls alphabetisch geordnet sind, enthalten die wichtigsten Fakten über die jeweilige Stadt, deren Geschichte sowie eine Beschreibung der Sehenswürdigkeiten. Zusätzlich enthalten die Städte-Kapitel eine Fülle an praktischen Tips — von Einkaufsmöglichkeiten, Restaurants, Unterkünften bis zu den wichtigsten Adressen vor Ort. Doch auch das Hintergrundwissen für die Reise kommt in dieser Serie nicht zu kurz. Wissenswertes über die Bevölkerung und ihre Kultur findet sich ebenso wie die Geographie, die Geschichte oder die aktuelle politische Lage des Landes.

Inhalt

Allgemeine Informationen

Ärztliche Versorgung	8
Anreise	8
Apotheken	10
Archäologie	10
Ausflüge	10
Auskunft	12
Auto	12
Autovermietungen	13
Bars	13
Benzin	14
Bevölkerung	15
Botschaften und Konsulate	16
Busse	16
Camping	17
Diebstahl	18
Einkaufen	19
Elektrizität	19
Essen und Trinken	20
Fahrrad	21
Fauna	21
Feste und Feiertage	22
FKK	23
Flora	24
Flugverbindungen	24
Folklore	24
Fotografieren	25
Geld	25
Geographie	26
Gepäck	27
Geschichte	27
Geschwindigkeit	34
Grüßen	35
Karten	36
Kinder	36
Kleidung	36
Klima	37
Krankenhäuser	37
Kriminalität	38
Landschaft	38
Maße und Gewichte	39
Motorrad-, Scooter- und Mofavermietung	39
Notfall	39
Öffnungszeiten	39
Ortsnamen	40
Pannenhilfe	40
Polizei	41
Post	41
Reiseapotheke	41
Regierung	42
Reisen auf den Inseln	42
Reisen von Inseln zu Insel	44
Religion	44
Schiffsverbindungen	45
Sehenswürdigkeiten	45
Sprache	46
Tankstellen	47
Telefonieren	48
Tiere	48
Trinkgeld	48
Unterhaltung	49
Unterkunft	49
Verkehr	50
Versicherung	51
Wandern	51
Wasser	51
Wirtschaft	52
Zeit	53
Zeitungen	54
Zoll	55

Jersey

Archäologie	56
Autovermietungen	57
Bars	60
Battle of Flowers	60
Corbière Point	61
Eric Young Orchid Foundation	62

Essen und Trinken	63
L'Etacq Woodcrafts	63
Fahrradvermietungen	64
Fantastic Tropical Gardens	64
Folklore und Festivals	65
German Underground Hospital	65
Gorey und Mont Orgueil Castle	65
Grosnez Castle	67
La Hogue Bie	68
Jersey Pottery	70
Kempt Tower	70
La Mare Vineyards	72
Morel Farm	73
Motor Museum	73
Motorrad-, Scooter- und Mofavermietungen	73
Moulin de Lecq	74
Moulin de Quétivel	74
Polizei	75
Le Rats Cottage	75
Restaurants	76
Retreat Farm	78
La Rocque Harbour	78
Samarès Manor	80
Sport	81
St-Aubin	82
St-Brelade's Parish Church und Fishermen's Chapel	82
St-Helier	84
St-Matthew's Church	91
St-Peter's Bunker	91
St-Quen's Manor	92
Strände	93
Unterhaltung	96
Unterkunft	97
Wandern	100
Zoo	101
Guernsey	102
Archäologie	102
Ausflüge	104
Autovermietungen	105
Bars	106
Coppercraft Centre	106
Essen und Trinken	108
Fahrradvermietungen	108
Folklore und Festivals	109
Fort Grey	109
Le Friquet Butterfly Farm & Flower Centre	112
German Occupation Museum	113
German Underground Hospital	113
Gold & Silversmith	113
Guernsey Candles	114
Guernsey Clockmakers	114
Lihou Island	114
Little Chapel	115
Mofa-, Scooter- und Motorradvermietung	115
Moulin Huet Pottery	116
Oatlands Craft Centre	116
Pleinmont	116
Restaurant	117
Rose Centre	118
Sausmarez Manor	118
Sausmarez Park & Folk Museum	120
Sport	120
St-Appoline's Chapel	121
St-Peter Port	122
Strände	127
Strawberry Farm & Woodcarvers	128
Telephone Museum	128
Tomato Centre	129
Tropical Vinery and Gardens	129
Unterhaltung	129
Unterkunft	130
Vale Castle	132
Wandern	132
Zoo	133
Alderney	133
Herm	137
Sark	140

Allgemeine Informationen

Ärztliche Versorgung

Die Qualität der ärztlichen Versorgung auf den Kanalinseln ist gut. Es gibt ausschließlich Privatärzte auf den Inseln. Für eine ärztliche Behandlung muß man immer bar zahlen. Es ist wichtig, sich vor der Reise darüber zu informieren, welche Kosten von der Krankenkasse gedeckt werden und welche Papiere man mitnehmen muß. Möglicherweise ist eine ergänzende Krankenversicherung erforderlich.
Im Krankenhaus von Jersey können sich Touristen eventuell kostenlos behandeln lassen. Das Krankenhaus ist von Montag bis einschließlich Freitag zwischen 9 Uhr und 12 Uhr geöffnet. Im Sommer und sonnabends ist es von 10 Uhr bis 11.30 Uhr geöffnet. Adresse: General Hospital, Glouchester Street, St-Helier, Tel. 5 90 00. (→*Apotheken, Krankenhäuser*)
Impfungen sind für einen Aufenthalt auf den Kanalinseln nicht erforderlich.

Anreise

Mit dem Flugzeug

In den Sommermonaten gibt es wesentlich mehr Flugverbindungen nach Jersey und Guernsey als im Winter. Flüge mit Zwischenstop bieten Air France (über Paris, dann weiter mit Jersey European Airways), KLM (via Amsterdam) und Air UK (via London) an. Die Lufthansa CityLine hat vom 15.5. bis 26.9. Direktflüge im Angebot: Sa ab Hamburg, Berlin, Frankfurt und Düsseldorf, So zusätzlich ab Düsseldorf. Rückflug ebenfalls Sa oder So von Jersey oder Guernsey. Bei den Linien mit Zwischenstop beträgt der günstigste Preis (Flieg & Spar) 812 DM ab Düsseldorf, bei der Lufthansa CityLine (Super Flieg & Spar) 636 DM ab Düsseldorf (Preis steigert sich bis 863 DM ab Berlin).
Die Flugdauer beträgt ca. 1,5 Stunden.

Adressen
KLM, Siemensstr. 9, 6078 Neu-Isenburg, Tel. 0 61 92/4 07-4 80.
Air UK, Schäfergasse 50/V, 6000 Frankfurt/M. 1, Tel. 0 69/29 53 39.
Air France, Friedensstr. 11, 6000 Frankfurt/M., Tel. 0 69/25 66-3 20.
Lufthansa CityLine, Am Holzweg 26, 6239 Kriftel, Tel. 0 61 92/4 07-4 80.

Mit dem Boot
Die Kanalinseln sind per Boot gut zu erreichen. Ab Frankreich fahren täglich Fähren auf die Inseln. Viele Besucher fahren mit dem Auto nach St-Malo und nehmen dann das Boot zu den Kanalinseln. Wenn man abends in St-Malo ankommt, muß man dort übernachten, da keine Boote mehr fahren.
Ab St-Malo fährt auch die einzige Autofähre zu den Kanalinseln: *Emeraude Lines* (Tel. 99 40 48 40). Eine Rückfahrkarte St-Malo — Jersey kostet ungefähr 135 DM St-Malo — Guernsey kostet 150 DM (Tages,- Wochenend- und Kinderkarten sind billiger). Eine Rückfahrkarte St-Malo — Jersey kostet mit dem Auto zwischen 320 und 500 DM. Wenn man mit dem Auto von St-Malo nach Guernsey übersetzen will, zahlt man circa 375 bis 540 DM. Die Höhe des Preises ist abhängig von der Länge des Fahrzeuges. Auch hier gelten Ermäßigungen für Tages-, Wochenend- und Wochenkarten.
Andere Gesellschaften sind *Condor/Morvan Fils* (Tel. 99 56 42 29) und *Vedettes Armoricaines* (Tel. 99 40 17 70). Die Preise sind mit denen der Emeraude Lines vergleichbar. Wer sein Auto in St-Malo stehen lassen will, kann auf einem überdachten Parkplatz im Gare Maritime parken. Auch ab Granville, Portbail, Carteret, St-Quay Portrieux und Perros-Guirec gibt es Bootverbindungen auf die Kanalinseln.
Sea Fox (Tel. 33 04 09 36) ist die einzige Gesellschaft, die nach Alderney fährt. Die Boote fahren ab Goury (Normandie). Eine Rückfahrkarte kostet ungefähr 110 DM. Eine Tages- oder Wochenendkarte ist günstiger. Informationen über Fahrpläne und Preise sind im Reisebüro und bei der Tourist Information auf Guernsey und Jersey erhältlich.

Allgemeine Informationen / Apotheken

Apotheken

Auf den Kanalinseln gibt es genügend Apotheken. Die meisten befinden sich in den Hauptstädten St-Helier (Jersey) und St-Peter Port (Guernsey).

Jersey: Apotheken in St-Brelade, St-Saviour, St-Aubin, St-John und zehn in St-Helier.

Guernsey: Apotheken in Castel, St-Martin, St-Sampson und vier in St-Peter Port.

Auf *Alderney* gibt es eine Apotheke in der Victoria Street.

Medikamente müssen auf den Kanalinseln immer bar bezahlt werden. Die Quittungen sollte man aufbewahren, um sie eventuell später bei der Krankenkasse oder Reiseversicherung einreichen zu können.

Archäologie

Die Kanalinseln waren schon in der Urzeit von Menschen besiedelt. Trotz der geringen Größe des Archipels gibt es verhältnismäßig viele archäologische Fundstätten aus dem Neolithikum, der Jungsteinzeit. Die vielen Steine, die auf Herm gefunden wurden, lassen darauf schließen, daß früher die Toten zur Bestattung auf diese Insel gebracht wurden. Vor allem im 19. Jahrhundert machte man viele Ausgrabungen. Eine der wichtigsten Fundstätten ist La Cotte St-Brelade an der Südwestküste von Jersey (→*Jersey/Archäologie*). Eine weitere Ausgrabungsstätte von großer Bedeutung auf Jersey ist La Hougue Bie, wo sich ein neolithisches Heiligtum befindet. Die Ausgrabungen sind hier noch nicht abgeschlossen (→*Guernsey/Les Fouillages*).

Der bedeutendste Fund aus der Bronzezeit ist ein prächtiges goldenes Schmuckstück, die Gold Torque, das man im Jersey Museum in St-Helier besichtigen kann (→ *Jersey/Jersey Museum*).

Ausflüge

Die Kanalinseln liegen vor der französischen Küste. Die Hafenstädte in der Normandie und der Bretagne sind auf jeden Fall einen Besuch wert. Für diese Ausflüge benötigen Sie einen Paß. Ab Jersey fahren regel-

Allgemeine Informationen / Ausflüge

mäßig Boote nach **St-Malo**. Diese mittelalterlich ummauerte Stadt liegt an der Felsenküste, die so typisch für die Bretagne ist. St-Malo wurde im Zweiten Weltkrieg schwer bombardiert. Nur die Stadtmauern haben die Bomben überstanden, doch die Innenstadt wurde später prächtig restauriert. Ein Spaziergang über die Stadtmauern lohnt sich immer. Vor der Küste liegen mehrere Inseln. Auf einer dieser Inseln befindet sich das Grab des berühmten Schriftstellers François-René de Chateaubriand, der im 19. Jahrhundert lebte. Bei Ebbe kann man die Insel über einen schmalen Pfad zu Fuß erreichen. In der Nähe von St-Malo liegen **Dinard**, ein mondäner Badeort, und **Dinan**, eine wunderschöne Stadt mit einer guterhaltenen mittelalterlichen Innenstadt. Das weltberühmte Kloster von **Mont St-Michel** ist heute ein Anziehungspunkt für Touristen. Es liegt auf einer kleinen Insel und wurde früher von vielen Pilgern besucht. Bei Ebbe gingen sie zu Fuß auf die Insel. Das Kloster, das sich 80 m über dem Meeresspiegel erhebt, wurde im 11. Jahrhundert von den Benediktinermönchen erbaut. Das Kloster kann nur mit einer Führung berichtigt werden.

Monument aus der Megalithkultur in La Hougue Bie, Jersey

Allgemeine Informationen / Auskunft

Auskunft

Zuständig für Deutschland und Österreich:
Britische Zentrale für Fremdenverkehr, Taunusstr. 52-60, 6000 Frankfurt/M., Tel. 0 69/23 80-70.

Zuständig für die Schweiz:
British Tourist Authority, Limmatquai, 78, 8001 Zürich, Tel. 01/47 42 77.
Nähere Auskünfte erteilen auch die Reisebüros in Deutschland. Dort können auch Reisen auf die Kanalinseln gebucht werden.
Auf den Kanalinseln erhält man weitere Auskünfte bei der örtlichen Tourist Information.
Jersey: Jersey Tourism, Liberation Square, St-Helier, Tel. 7 80. (In Deutschland zuerst Tel. 00 44/5 34 wählen)
Guernsey: Guernsey Tourist Board, P.O. Box 23, White Rock, St-Peter Port, Guernsey, Tel. 72 35 52. (In Deutschland zuerst Tel. 00 44/4 81 wählen).
Alderney: Alderney States Tourist Office, Tel. 82 29 94 (Alderney hat dieselbe internationale Vorwahl wie Guernsey).
Zudem gibt es noch einen Jersey-Katalogdienst mit Sitz in Deutschland: Postfach 20, 6229 Walluf, Tel. 0 61 23/7 20 74.

Auto

Auf Jersey, Guernsey und Alderney sind Autos zugelassen, auf Sark und Herm sind sie verboten. Es ist sehr praktisch, auf Jersey und Guernsey ein Auto zur Verfügung zu haben. Touristen können ein Auto mieten oder das eigene Fahrzeug mitbringen. Ab St-Malo verkehren Fähren (Ferry) nach Jersey, auf denen auch Autos transportiert werden. Ab Jersey verkehren wiederum Autofähren nach Guernsey, während nach Alderney keine Autos mit der Fähre verschifft werden.
Besucher mit eigenem Auto müssen eine Internationale Grüne Versicherungskarte und einen gültigen Führerschein mitnehmen.
Viele Touristen lassen ihr eigenes Fahrzeug auf dem Festland und mieten dann ein Auto auf Jersey oder Guernsey. Die Mieten und die Benzinpreise sind auf den Inseln sehr niedrig.

Wer auf den Kanalinseln mit dem Auto fährt, muß allerdings darauf achten, daß *Linksverkehr* herrscht.
→*Verkehr*

Parken
In St-Helier auf Jersey gibt es große Parkhäuser, wo man von 6 Uhr morgens bis 8 Uhr abends kostenlos parken kann. In der Stadt muß eine Parkscheibe benutzt werden. Es ist darum ratsam, eine Parkscheibe mitzunehmen oder dort anzuschaffen. Mietautos sind generell mit Parkscheiben ausgerüstet. An manchen Stellen in der Stadt befinden sich Parkuhren. Auch in St-Peter Port auf Guernsey ist die Benutzung von Parkscheiben vorgeschrieben.

Autovermietungen

Auf Jersey, Guernsey und Alderney kann man Autos mieten. Im Vergleich zu anderen europäischen Ländern sind die Preise sehr niedrig. Eine Vollkasko-Versicherung ist im Mietpreis inbegriffen und gefahrene Kilometer werden im allgemeinen nicht berechnet. Bei den verschiedenen Autovermietungen gelten unterschiedliche Bedingungen. Im allgemeinen muß man mindestens ein Jahr im Besitz eines gültigen Führerscheins sein, um ein Auto mieten zu können. Bei vielen Firmen müssen Personen unter 20 Jahren auch eine ergänzende All-risk-Versicherung abschließen. Es ist ratsam, bei der Autovermietung eine Versicherung mit vollständiger Deckung abzuschließen, da es häufig zu Unfällen mit Mietautos kommt, deren Fahrer nicht an den Linksverkehr gewöhnt sind. Auf den Inseln herrscht außerdem reger Verkehr. Mietautos erkennt man an dem Buchstaben ,,H" auf der Rückseite.
Für Adressen: →*Jersey/Autovermietungen, Guernsey/Autovermietungen.*
→*Verkehr*

Bars

Bei einem Aufenthalt auf den Kanalinseln kommt man um den Besuch eines echten englischen Pubs nicht herum. Vor allem am Wochenende, gegen fünf Uhr nachmittags ist in den Pubs viel los. Auch am Abend

Allgemeine Informationen / Benzin

treffen sich dort die Einwohner. In den Hafenstädtchen haben viele Pubs den Charakter von Fischerkneipen. Es gibt aber auch schicke, moderne Pubs, die gerne von Yuppies besucht werden, wie das „Café de Paris" in St-Helier. Die Gäste müssen mindestens 18 Jahre alt sein. Die Pubs öffnen um 9 und schließen um 23 Uhr. Am Sonntag sind sie nur morgens und abends geöffnet.
Nach dem Schließen der Pubs geht das Nachtleben in den Diskotheken weiter. Da kann es nach 23 Uhr plötzlich ziemlich voll werden.
Auf Guernsey sind die Pubs sonntags geschlossen.

Benzin

Benzin, verbleit oder bleifrei, ist auf den Kanalinseln im Verhältnis zu Deutschland sehr billig. Tankstellen gibt es überall auf den Inseln, Autogas wird allerdings nicht verkauft. Auf Guernsey sind die Tankstellen am Sonntag geschlossen.

Blumenfreunde kommen auf den Kanalinseln voll auf ihre Kosten

Bevölkerung

Obwohl die Landverbindung zwischen den Kanalinseln und dem Kontinent schon seit Tausenden von Jahren nicht mehr besteht, fühlt sich ein großer Teil der Insulaner noch stark mit Frankreich verbunden. Die ursprüngliche Sprache, die auf den Inseln gesprochen wurde, ist das *Patois*, ein Dialekt aus der Normandie. In manchen Familien spricht man es immer noch. Diese Menschen, die in ihrer Sprache und Kultur deutlich mit den Bewohnern der Normandie verwandt sind, bilden die ursprüngliche Bevölkerung der Kanalinseln. Die Kanalinseln waren außerdem schon immer ein Zufluchtsort für Flüchtlinge aus Frankreich. Im 17. Jahrhundert kamen zum Beispiel viele Hugenotten auf die Inseln. Auf den Kanalinseln wohnen aber auch einige reiche Engländer. Wer sich auf den Inseln niederlassen will, muß jährlich mindestens 10 000 Pfund Steuern zahlen können. Ein eigenes Haus ist sehr teuer. Wer neu auf die Inseln kommt, zahlt ungefähr fünfmal soviel wie ein Alteingesessener, der oft durch Beziehungen ein Haus kaufen kann.

Wegen der hohen Steuern wohnen fast ausschließlich reiche englische Geschäftsleute auf den Inseln. Die Portugiesen dagegen wohnen oft nur für eine gewisse Zeit auf den Kanalinseln, arbeiten als Hausangestellte oder haben andere, unattraktive und schlecht bezahlte Arbeitsstellen. Viele Portugiesen schicken ihrer Familie in Portugal einen Teil ihres Einkommens.

Die Inseln sind zwar klein, aber trotzdem fühlen sich die Einwohner Jerseys und Guernseys nicht besonders miteinander verbunden. Sie nennen einander „Jerseytoads" (Jersey-Kröten) und „Guernseydonkeys" (Guernsey-Esel). Die stets fühlbare Rivalität der beiden Inseln soll noch aus dem 17. Jahrhundert stammen (→*Geschichte*). Ein echter Einwohner Jerseys antwortet auf die Frage, was er denn von Guernsey halte:,,Nach Guernsey brauchen Sie gar nicht zu fahren. Ich bin einmal dort gewesen; weder die Insel noch die Einwohner sind der Mühe wert." Aber die Einwohner Guernseys haben auch so ihre eigene Meinung über Jersey: „Sobald man einen Fuß auf die Insel gesetzt hat, probieren die Leute, Dir das Geld aus der Tasche zu ziehen. Und das bleibt so, wohin man auch auf Jersey fährt." Wenn die Bewohner schon mal die andere Insel besuchen, sehen sie ihre Vorurteile bestätigt und kommen zu dem Schluß, daß man die andere Insel besser meiden sollte. Der größte Teil der Bevölkerung hat seine Insel übrigens noch nie verlassen.

Daten
Die Kanalinseln haben ungefähr 134 000 Einwohner. Davon wohnen 7600 auf Jersey, 56 000 auf Guernsey, 2300 auf Alderney, 550 auf Sark und etwa 40 auf Herm. Jethou wurde von der britischen Krone an eine einzige Person verpachtet, den sogenannten „Manor".
St-Helier hat ungefähr 30 000 Einwohner, und in St-Peter Port wohnen etwa 27 000 Menschen.

Botschaften und Konsulate

Deutsches Konsulat auf Jersey
28 Conway Street, St-Helier, Tel. 7 12

Honorarkonsulat auf Guernsey
St-Peter Port, Tel. 2 40 59

Busse

Der Bus ist ein sehr brauchbares Verkehrsmittel auf Jersey und Guernsey. Die Buslinien zu den Stränden und Sehenwürdigkeiten sind ausgezeichnet. Der große Vorteil ist, daß der Besucher genau am richtigen Platz abgesetzt wird. Autofahrer müssen oft lange suchen, da es nur wenige Wegweiser auf den Inseln gibt. Der Abstand zwischen den Bushaltestellen ist meistens klein und kann mühelos zu Fuß zurückgelegt werden. Die Busse fahren ab 8 Uhr morgens, manche Linien fahren nicht mehr nach 18 Uhr. Viele, die mit dem Bus zum Abendessen fahren, benötigen für die Rückfahrt ein Taxi.
Die Bushaltestellen sind durch einen Strich auf der Fahrbahn gekennzeichnet. Manchmal ist das Wort „BUS" auf die Straße gemalt. Wenn ein Bus kommt, muß man dem Busfahrer durch Zeichen deutlich zu verstehen geben, daß er halten soll. Die Busse fahren im allgemeinen pünktlich.

Einzelfahrkarten sind im Bus erhältlich. Der Preis ist abhängig von der Entfernung, die man zurücklegen will. Auf Guernsey werden Sonderfahrscheine („Rover tickets") verkauft, die einen oder mehrere Tage gültig sind. Auf Jersey gibt es „Computer Specials" für fünf oder sechs Tage. Die sogenannten Explorer Tickets von JTM sind eine Woche gültig. Auf beiden Inseln sind die Buslinien fächerförmig um die Hauptstadt angelegt. Alle Buslinien beginnen und enden beim Busbahnhof der Hauptstadt: in St-Peter Port (Guernsey, im Fahrplan steht „Town") und in St-Helier (Jersey). Bei schönem Wetter fährt auf Guernsey im Juni, Juli und August ein Bus mit offenem Dach von St-Peter Port nach Pleinmont und zurück. In dieser Zeit fährt auch ein Doppeldecker mit offenem Dach an der Nord- und Westküste Guernseys entlang. Wer oft mit dem Bus fährt, sollte sich einen Fahrplan beschaffen.
Informationen für Jersey: JTM Express, 2/4 Caledonia Place, St-Helier, Jersey, Tel. 2 12 01.
Informationen für Guernsey: Guernseybus, Pickethouse, St-Peter Port, Tel. 72 46 77.
Einige Busunternehmen organisieren Rundfahrten über die Inseln Jersey und Guernsey. Informationen erhält man bei der Tourist Information.

Camping

Auf allen Kanalinseln kann man zelten. Jersey und Guernsey haben mehrere Campingplätze. Auf Sark, Herm und Alderney gibt es jeweils einen Zeltplatz. Die Campingplätze auf Sark und Herm sind Oasen der Ruhe, weil hier keine Autos fahren. Herm hat übrigens kein Lebensmittelgeschäft, es gibt allerdings zwei Restaurants. In der Hochsaison ist es ratsam, einen Platz zu buchen. Auf Alderney sind Reservierungen sogar unbedingt erforderlich. Wohnwagen und Wohnmobile dürfen nicht auf die Inseln gebracht werden, da es nur Zeltplätze gibt. Faltwagen, die ein spitzes Zeltdach haben, darf man auf den Zeltplätzen aufstellen. Faltwagen, die einem Wohnwagen gleichen, sind nicht erlaubt. Es ist verboten, außerhalb der Campingplätze zu zelten.
Adressen →*Jersey/Unterkunft, Guernsey/Unterkunft*

Allgemeine Informationen / Diebstahl

Diebstahl

Obwohl die meisten Besucher sich auf den Kanalinseln sicher fühlen, ist Diebstahl natürlich nie ganz auszuschließen. Im Falle eines Diebstahls wendet man sich am besten an die Polizei.
Jersey: Hauptpolizeiwache, Rouge Bouillion, St-Helier, Tel. 6 99 96.
Guernsey: Hauptpolizeiwache, St-James Street, Tel. 72 61 11.
Alderney: Polizeiwache, Court House, Tel. 82 27 31.

Dokumente

Angehörige von Staaten der europäischen Gemeinschaft sowie Personen mit österreichischer oder Schweizer Nationalität benötigen für einen Aufenthalt auf den Kanalinseln nur einen gültigen Reisepaß oder Ausweis. Für Staatsbürger anderer Länder ist meistens ein Visum erforderlich.

Imposanter Landsitz der Familie Sausmarez auf Guernsey

Einkaufen

In St-Helier (Jersey) und St-Peter Port (Guernsey) kann man gemütlich in der Fußgängerzone einkaufen gehen. Es gibt viele Juweliere und Parfümerien. Es lohnt sich besonders, die schönen Markthallen der beiden Städte zu besuchen, wo eine große Auswahl an Obst, Gemüse und Fisch feilgeboten wird.
→ Ortsbeschreibungen

Elektrizität

Die Spannung beträgt 240 Volt Wechselstrom. Apparate für 220 Volt kann man hier unbesorgt anschließen. In den Hotels findet man meistens Steckdosen für Dreiwegstecker. Ein „normaler" zweipoliger Stecker paßt dann natürlich nicht. In den Badezimmern gibt es im allgemeinen eine spezielle Steckdose für Rasierapparate. Für andere elektrische Geräte benötigt man einen Adapter. Die Adapter sind oft an der Hotelrezeption erhältlich, werden aber auch in Elektrogeschäften und Warenhäusern verkauft.

Die Fischerei ist für Alderney von großer wirtschaftlicher Bedeutung

Essen und Trinken

Auf den Kanalinseln beginnt der Tag mit einem guten englischen Frühstück, das aus Cornflakes, frischem Obst, gebratenem Fisch, Schinken, Eiern und Toast besteht. Oft wird allerdings auch ein „European Breakfast" mit einem Croissant und einer Tasse Kaffee oder Tee serviert. Die meistens Restaurants bieten mittags eine gute Speisekarte, und manche Lokale haben sich sogar auf Lunch spezialisiert. Typisch für die Kanalinseln ist der traditionelle „Sunday Lunch". Am Sonntag mittag geht die ganze Familie zum Essen aus. Dieser Brauch wird vor allem im Winter gepflegt, im Sommer bleiben die Familien schon mal zu Hause, um im Garten zu grillen.

Natürlich ist auch der englische „Tea" unumgänglich: scones (eine Art Kekse) mit Butter, Marmelade und Schlagsahne sind wirklich ein Leckerbissen.

Das Abendessen (Dinner) gilt als Höhepunkt des Tages. Es besteht oft aus fünf Gängen. Die Restaurants sind gut und im Verhältnis zur Qualität des Essens nicht teuer. Die Speisekarte hat oft französische Einflüsse. Wer nach dem Essen einen Kaffee bestellt, bekommt eine große Kanne mit ungefähr fünf Tassen Kaffee. Dazu gibt es geschlagene Guernsey- oder Jerseymilch. Im Pub wird es danach gemütlich bei einem *Pint* Bier. Guernsey und Jersey haben beide eigene Brauereien. *Mary Ann* und *Randalls* sind die bekanntesten Marken.

Restaurants

Auf den Kanalinseln gibt es viele gute Restaurants. Auch in den meisten Hotels wird ausgezeichnetes Essen serviert. Man hat die Wahl zwischen französischer, fernöstlicher, italienischer und englischer Küche. Da die hiesige Bevölkerung oft essen geht, ist das Angebot auch im Winter hervorragend. Das Menü besteht aus vier oder fünf Gängen mit viel Gemüse und Salat. Viele Gerichte sind durch die französische Küche beeinflußt. Es lohnt sich auf jeden Fall, einmal in einem Restaurant zu Mittag zu essen. Oft ist das Mittagessen ausgezeichnet und preiswerter als ein Abendessen.

In Fischrestaurants kann man Sie typische Fischgerichte der Kanalinseln kennenlernen. Eine Spezialität ist der Ormer, ein Schalentier, das als Delikatesse gilt. Der Ormer darf viermal im Jahr gefangen werden.

Die Schalentiere werden bei Ebbe gesucht, mit dem Hammer aufgeschlagen und gekocht. Auch Austern, die auf Austernbänken gezüchtet werden, sind eine Delikatesse. Auf Herm sieht man häufig Traktoren mit Austern über den Strand fahren. Vor den Küsten der Kanalinseln werden Muscheln, Steinbutt und Seebarsch gefangen, die daher auch auf vielen Speisekarten der Restaurants zu finden sind. Außerdem gibt es noch den Meeraal, der bis zu drei Metern lang werden kann. Diesen Aal kocht man stundenlang, bevor er gegessen wird.

Adressen →*Jersey/Restaurants, Guernsey/Restaurants*

Fahrrad

Das Fahrrad ist das ideale Fortbewegungsmittel auf den Kanalinseln. Wem eine hügelige Strecke nichts ausmacht, kann in aller Ruhe die Inseln mit dem Fahrrad entdecken. Auf Jersey und Guernsey sind die Straßen zwar schmal, aber die Autofahrer nehmen Rücksicht auf Fahrradfahrer. Sark ist ein Paradies für Fahrradfahrer, weil es dort keine Autos gibt. Außer auf Herm werden auf allen Inseln Fahrräder vermietet.

Adressen →*Jersey, Guernsey, Alderney, Sark.*

Fauna

Die Kanalinseln zeichnen sich durch einen großen Vogelreichtum aus. Der seltene Papageientaucher brütet jedes Jahr auf den Felsen im Meer. Von Alderney aus kann man mit dem Boot nach **Burhou**, einer kleinen Vogelinsel, fahren. In der Brutzeit, von Mitte März bis Mitte Juni, ist die Insel Besuchern nicht zugänglich. Alderney hat den Papageientaucher sogar als Maskottchen gewählt. Auf den Kanalinseln kommen ungefähr 120 verschiedene Vogelgattungen vor. An der Küste trifft man auf Dreizehenmöwen, Lummen, Baßtölpel und Austernfischer. Rund um die Seen auf den Inseln findet man die Töppelente, das Wasserhuhn, den Rohrsänger, die Roheammer und den Eisvogel. Wer Glück hat, sieht am Abend den Turmfalken auf der Suche nach seiner Beute über das Land kreisen.

Allgemeine Informationen / Feste und Feiertage

Der Ormer, der Meeraal, der Steinbutt, der Seebarsch, die Strandschnecke, die gemeine Napfschnecke und die prächtige Seeanemone gehören zu den Meerestieren vor den Küsten der Kanalinseln. Seeanemonen gibt es in zwei Formen: zu einem kleinen glänzenden Ball zusammengefaltet oder ausgebreitet zu einem farbenfrohen Fächer. Viele Tiere muß man nicht lange suchen. Grüne Eidechsen, Grillen und Schmetterlinge sieht man bei jeder Wanderung auf den Inseln.

Feste und Feiertage

Die offiziellen Feiertage sind zum Teil dieselben wie in Deutschland: 1. Januar — Neujahrstag, 25. und 26. Dezember — Weihnachten, Karfreitag und Ostern.

Die anderen Feiertage sind britisch: der erste Montag im Mai ist Labour Day Bank Holiday, der letzte Montag im Mai ist Spring Bank Holiday, und der letzte Montag im August ist Summer Bank Holiday.

Bequemer Einkauf: an den Obstständen entlang der Straßen

Außerdem feiern die Kanalinseln ein Befreiungsfest: Am 9. Mai wird das Ende der deutschen Besatzung gefeiert. In der ersten Woche im September gedenkt man der historischen Schlacht Battle of Britain mit einer beeindruckenden *Airshow*, auf der unter anderem die „Red Arrows" zu sehen sind.

Jedes Jahr wird auf Jersey und Guernsey das Festival Battle of Flowers gefeiert. Auf Jersey findet es am 2. Dienstag im August statt, auf Guernsey wird es an einem Donnerstag im August abgehalten (→*Jersey, Guernsey, Alderney, Sark*).

Ferienhäuser →*Unterkunft*

FKK

Es gibt keine Nacktbadestrände auf den Kanalinseln. FKK wird als „not done" abgelehnt.

Die steilen Felsen lassen das Bootfahren zu einem Risiko werden

Allgemeine Informationen / Flora

Flora

Auf den Kanalinseln kommen 16 seltene Pflanzenarten vor. Sie sind im *British Red Data Book* aufgeführt, in dem alle geschützten Planzenarten stehen. Eine dieser Pflanzen ist die *Lizard Orchid*, eine besondere Orchidee, die nur auf Guernsey vorkommt. Bei Wanderungen durchs Inselinnere sieht man viele farbenfroh blühende Pflanzen, zum Beispiel Lupinen. Auch die immergrüne Steineiche, die hauptsächlich im Mittelmeergebiet heimisch ist, wächst hier.

Alle Inseln haben Dünen, die wegen ihrer geringen Ausdehnung geschützt werden müssen, was auf Jersey rund um den Kemp Tower auch der Fall ist. Hier versucht man die ursprüngliche Dünenlandschaft zu bewahren, in der die Seedistel mit ihren bläulichen Blättern und der Seekohl vorkommen.

Mit der Flut spülen an den Ständen viele Algen („vraic")an. Diese rotbraunen Algen („vraic") sind für die Bauern sehr wertvoll. Mit Traktoren werden sie vom Strand geholt und als Dünger auf die Felder gestreut.

Flugverbindungen

Die Fluggesellschaft *Aurigny Air Services* unterhält die Flugverbindungen zwischen Guernsey, Jersey und Alderney. Die auf diesen Linien eingesetzten Flugzeuge können ungefähr 20 Passagiere mitnehmen, die, je nach (geschätztem) Gewicht, gleichmäßig im Flugzeug verteilt werden. Man braucht etwa 20 Minuten zum Einchecken. Pünktlich kommen, da das Ticket sonst weiterverkauft wird.

Alle Flüge zwischen den Inseln haben denselben Preis. Eine Rückflugkarte kostet ungefähr £37, und für einen einfachen Flug zahlt man £18.

Folklore

Auf den Kanalinseln sind viele alte Traditionen erhalten geblieben. Der Seigneur genießt noch immer hohes Ansehen und hat viele Privilegien. Alte Sitten und Bräuche werden sorgfältig in Ehren gehalten. Vor einigen Jahren noch erwies der Seigneur von St-Quen's Manor (Jersey) der Königin von England nach altem Brauch seine „Honours".

Die Bewohner der Kanalinseln hängen sehr an ihrer ruhigen Lebensweise, die sich seit vielen hundert Jahren nicht verändert zu haben scheint. Vor allem Sark und Herm machen einen mittelalterlichen Eindruck, und die Einwohner sind stolz darauf. Die Menschen sind gemütlich und freundlich.
Die Höflichkeit der Bewohner ist typisch englisch. In den Geschäften und an den Bushaltestellen steht man immer in der Reihe. Touristen, die sich nicht hinten anstellen, wirft man vielsagende Blicke zu oder weist sie einfach auf ihren Fehler hin.
Ein ganz besonderer Brauch ist das Aufstellen von Obst, Gemüse oder Blumen in kleinen Kisten am Straßenrand. So bieten die Einwohner ihre Waren zum Kauf an. Auf Guernsey sieht man viele Kisten mit „Toms", wie die Tomaten hier genannt werden. Die Stände werden nicht bewacht; Passanten können aus der Kiste nehmen, was sie wollen und das Geld für die Ware in ein Kästchen legen.
An diese Regel hält sich hier auch jeder. So kann man einfach und schnell einkaufen gehen.

Fotografieren

Beim Kauf von Diafilmen sollte man darauf achten, ob das Entwickeln im Preis inbegriffen ist. Nicht alle Fotogeschäfte verkaufen Filme ohne Entwicklungskosten.
Auf den Kanalinseln findet man schöne Fotomotive. Um Aufnahmen von der Küste zu machen, lohnt es sich, auf eine ins Meer ragende Klippe zu steigen. Beim Fotografieren sollte man berücksichtigen, daß das Sonnenlicht auf den Inseln sehr grell sein kann.

Geld

Die Bezirke Jersey und Guernsey drucken beide ihr eigenes Geld, das in beiden Bezirken ein gültiges Zahlungsmittel ist, ebenso wie das Englische Pfund. Das Guernsey- und Jerseygeld ist genauso eingeteilt wie das britische Geld. 100 pence (p) sind 1 pound (£). Es gibt Geldnoten von £5, 10, 20 und 50 sowie Münzen im Wert von £1, und 1, 2, 5, 10,

20 und 50 pence. Der Kurs stimmt mit dem des britischen Pfunds überein.

Mit einem internationalen Bank- oder Giropaß kann man bei großen Banken, zum Beispiel der Midland Bank, aus dem Automaten Geld abheben. Fast alle Geschäfte, Hotels und Restaurants akzeptieren Kreditkarten und Reiseschecks. In vielen Geschäften kann auch mit französischem Geld bezahlt werden.

Es ist ratsam, das lokale Geld vor dem Verlassen der Kanalinseln auszugeben, da es außerhalb der Inseln nicht mehr eingetauscht werden kann.

Kurios ist das Wasserzeichen der Banknoten auf Jersey: eine Jerseykuh. Auf dem Geldschein von £20 ist St-Quen's Manor abgebildet.

Geographie

Die Kanalinseln sind nicht immer eine Inselgruppe gewesen. In der Eiszeit, vor 200 Millionen bis 10 000 Jahren, änderte sich der Meeresspiegel ständig. Manchmal stand das Wasser viel höher als in unserer Zeit, manchmal war es viel niedriger. In kalten Perioden war der Wasserspiegel niedrig, und die Kanalinseln waren dann mit dem französischen Festland verbunden. Die Küste lag damals mehrere Kilometer südlich der Bretagne. Seit der letzten Eiszeit ist der Meeresspiegel langsam gestiegen.

Jersey war bis zum Jahre 5000 v. Chr. mit dem europäischen Festland verbunden. Guernsey, Alderney und Sark waren schon damals Inseln. Die Kanalinseln bestehen aus verschiedenen Gesteinen, wie zum Beispiel Granit und Lava. Diese Gesteinsarten entstanden schon vor der Eiszeit und waren stark genug, den Einflüssen des Meeres zu widerstehen. Die unteren Lagen der Inseln, die Sandstrände, sind nicht so widerstandsfähig. Ohne menschliches Eingreifen würden sie langsam aber sicher von der Brandung weggespült. Die Deutschen haben während der Besatzung Betonwälle an den Stränden gebaut, die einen guten Schutz gegen Abschwemmung bieten.

Jersey hat im Norden eine hohe Felsenküste und im Süden Sandstrände. Deshalb ist das Klima hier wärmer als auf Guernsey, wo die Steilküste im Süden liegt und langsam nach Norden abfällt. Aus diesem Grund hat man auf Guernsey viele Treibhäuser bauen müssen.

Entfernungen
Jersey ist ungefähr 16 km lang und 8 km breit. Es hat eine Fläche von 116 qkm. Die Insel liegt 24 km von Carteret an der normannischen Küste entfernt, und bis St-Malo im Süden sind es 57 km.
Guernsey hat die Form eines Dreiecks. Die Westseite ist 15 km, die Ostseite 11 km und die südliche Seite 5 km lang. Die Gesamtfläche beträgt 63 qkm. Carteret ist 59 km und St-Malo 97 km entfernt. Auch die winzigen Inseln Jethou, The Casquets und Lihou gehören zu Guernsey.
Alderney ist ungefähr 5,5 km lang und 2,5 km breit. Es liegt nur 13,5 km vor der Küste der Normandie, die bei gutem Wetter auch deutlich von der Insel aus zu sehen ist.
Sark ist ca. 5 km lang und 2 km breit. Gleich neben Sark liegt die kleine Insel Brecqou. Sark liegt ungefähr 11 km östlich von Guernsey.
Herm ist 2,5 km lang und 800 m breit.

Gepäck

Urlauber, die mit dem Flugzeug auf die Kanalinseln reisen, sollten deutliche Etiketten auf ihrem Gepäck anbringen. Es kann nämlich vorkommen, daß Passagiere und Gepäck nicht mit demselben Flugzeug auf die Inseln gebracht werden. In diesem Fall kommt das Gepäck später an und wird von der Fluggesellschaft ins Hotel gebracht. Wer bei der Ankunft sein Gepäck nicht finden kann und kein Waschzeug bei sich hat, kann zur Sicherheit am Flughafen um einen kostenlosen *Overnight Bag* bitten. Wenn das Gepäck nach 24 Stunden noch nicht angekommen ist, hat man das Recht auf einen Schadenersatz in Höhe von 70 Pfund. Wessen Gepäck überhaupt nicht ankommt, der kann Schadenersatz bei der Fluggesellschaft oder über das Reisebüro fordern.
→*Kleidung*

Geschichte

Schon in der Steinzeit, vor ungefähr 100 000 Jahren, gab es Menschen auf Jersey. Ihre Spuren hat man in der Höhle La Cotte de St-Brelade

an der Südküste gefunden. Damals war Jersey keine Insel, sondern gehörte zum französischen Festland. Die Eisschicht, die das Land bedeckte, schmolz etwa 6500 Jahre vor Christus. So entstand die Trennung zwischen der Inselgruppe und dem Festland.
Die ersten Siedlungen entstanden 5000 v. Chr. Einige Grabhügel aus dieser Zeit kann man noch besichtigen. Der größte Grabhügel befindet sich auf Jersey und heißt La Hogue Bie. Auf Guernsey gibt es bedeutende archäologische Ausgrabungsfunde bei Les Fouillages (→Guernsey/Archäologie). Auch die Kelten, die die Inseln rund 800 v. Chr. bewohnten, hinterließen Spuren, hauptsächlich Waffen aus Eisen. Die tapferen Kelten wurden im Jahre 56 v. Chr. von den Römern besiegt. Die Römer verleibten die Kanalinseln der Provinz Gallien ein, überließen „die Inseln im Meer zwischen Gallien und Britannien" (wie die Kanalinseln von den Römern genannt wurden) aber weitestgehend ihrem Schicksal. Aus dem römischen Zeitalter hat man deshalb auch kaum Spuren gefunden.

Das Mittelalter
Aus dem frühen Mittelalter ist nur wenig bekannt. Man weiß, daß sich auf den Inseln Mönche niederließen und daß einige Orte nach ihnen benannt wurden. So lebte zum Beipiel der Missionar Helier als Einsiedler auf einem Felsen in der Nähe der heutigen Stadt gleichen Namens. Auch die Orte St-Samson und St-Brelade erhielten ihre Namen auf diese Weise.
Im 9. Jahrhundert eroberten die Normannen die Kanalinseln. Ihnen verdanken die Inseln einen Teil ihrer Namen: das norwegische Wort „ey" bedeutet Insel. Dieses Wort findet man in den Namen Jersey, Guernsey und Alderney wieder.
Im Jahr 911 kapitulierte der französische König, Karl der Einfache, im Krieg gegen die Normannen. Er gab ihrem gefürchtetsten Anführer, Rollo, einen Teil seines Landes, die spätere Normandie. Dessen Sohn, Wilhelm I., wollte sein Gebiet vergrößern und eroberte die Kanalinseln. Mehr als 100 Jahre später, im Jahr 1066, griff der normannische Graf Wilhelm der Eroberer England an und besiegte den englischen König in der berühmten Schlacht bei Hastings. So wurden die Kanalinseln und Eng-

land zu einem Reich vereint. Die Bewohner der Kanalinseln sagen übrigens oft, daß England den Kanalinseln zugefügt wurde. Die Kanalinseln haben nun einmal eher zum Besitz des Grafen der Normandie gehört als England.

Es gibt übrigens noch einen auffallenden Brauch aus der Zeit von Rollo. Wenn ein Insulaner sich ungerecht behandelt fühlte, konnte er sich mit „Clameur de Haro" auf Rollo berufen. In Anwesenheit von zwei Zeugen mußte er dann vor der Person knien, die ihm Unrecht angetan hatte, und rufen: „Haro, Haro, à l'aide mon Prince, on me fait tort!". Das heißt übersetzt: „Rollo, Rollo, mein Prinz, hilf mir, man tut mir Unrecht!" Wer so angesprochen wurde, war verpflichtet, seine Aktivitäten zu unterbrechen und die Situation erst durch einen Richter beurteilen zu lassen. Im Mittelalter wollte man so gegen Mord und Raub vorgehen. Aber auch heute wird der Clameur de Haro noch manchmal gebraucht. Vor kurzem hat man noch auf diese Art verhindert, daß ein Baum gefällt wurde.

Im Jahr 1204 wurde die Normandie Frankreich einverleibt. Die Insulaner mußten sich entscheiden, ob sie zu England oder Frankreich gehören wollten. Sie wählten England, weil der englische König ihnen versprochen hatte, daß sie ihre eigenen Gesetze und Privilegien behalten konnten. Die Wahl hatte auch etwas mit der Entfernung zu tun; man dachte, daß England sich weniger um die Kanalinseln kümmern würde als Frankreich, das viel näher bei den Inseln liegt. Dennoch versuchten die Franzosen in den nächsten Jahrhunderten, unaufhörlich die Kanalinseln zu erobern. Mont Orgueil Castle auf Jersey wurde im 13. Jahrhundert gebaut und war die bedeutendste Festung gegen die französische Bedrohung.

Die Engländer und Franzosen kämpften vor allem während des Hundertjährigen Krieges, zwischen 1337 und 1453, verbissen um die Inseln. Im Jahr 1338 eroberte Frankreich Guernsey, Alderney und Sark. Im Jahr 1373 besetzte die französische Armee, angeführt von Bertrand du Guesclin, Jersey, konnte Gorey Castle allerdings nicht erobern. Nach einer Belagerung von drei Monaten wurde Gorey Castle durch die englische Flotte befreit. Die Franzosen gaben nicht auf. Zwischen 1380 und 1382 wurde Jersey wieder besetzt. Im Jahre 1461 griffen die Franzo-

Allgemeine Informationen / Geschichte

sen zum vorläufig letzten Mal an. Sie konnten Mont Orgueil erobern und herrschten sieben Jahre über die Inseln.

Danach wurde es einige Zeit ruhig. Im Jahre 1483 beschlossen die Könige von England und Frankreich, daß die Kanalinseln neutrales Gebiet werden sollten. Die Inseln wurden in zwei Bezirke aufgeteilt, Guernsey und Jersey. Die Regierungsstruktur hat sich bis zum heutigen Tag nicht verändert. An der Spitze eines Bezirks steht ein Gouverneur, der seit dem 18. Jahrhundert Luitenant-Gouverneur genannt wird (→Regierung).

Der englische Bürgerkieg
Im Jahr 1642 brach in England der Bürgerkrieg aus: Der König und das Parlament wandten sich gegeneinander. Jersey blieb dem König treu, Guernsey stand auf der Seite des Parlaments. So entstand ein Streit zwischen den Inseln. Als der englische König 1649 geköpft wurde, ernannte man seinen Sohn auf Jersey zum König Karl II. Das spielte sich auf dem Marktplatz von St-Helier ab, der noch heute Royal Place heißt. Die Treue Jerseys wurde belohnt; der König schenkte den Einwohnern ein Stück Land in Amerika, das New Jersey genannt wurde. Das Parlament dagegen, unter Leitung von Cromwell, sandte Soldaten, die sogenannten Roundheads, auf die Kanalinseln. Stützpunkt der Roundheads war Guernsey. Beinahe neun Jahre lang belagerten sie Castle Cornet auf Jersey, und St-Peter Port auf Guernsey wurde oftmals von Jersey aus beschossen. Die Köningstreuen mußten sich schließlich in Castle Cornet ergeben. Im Jahre 1660 wurde die englische Monarchie wiederhergestellt. Es heißt allerdings, daß diese Kämpfe der Grund für die Rivalität waren, die noch heute zwischen Jersey und Guernsey besteht.

Das _18. Jahrhundert_ war eine Blütezeit. Ganz sicher konnte man auf den Inseln allerdings nie sein, und deshalb baute man im Jahre 1770 runde Verteidigungstürme, die sogenannten Martelltürme. Die Inseln hatten in der Tat die Franzosen zu fürchten, denn diese griffen Jersey im Jahre 1781 erneut an. Der Luitenant-Gouverneur wurde im Schlaf

Die autofreie Insel Sark ist für Fahrradfahrer ein kleines Paradies ▶

überrascht und ergab sich sofort. Ein Major, Peirson, lehnte es ab, sich zu ergeben. Er überlebte den Kampf mit den Franzosen nicht, und auch der Luitenant-Gouverneur fand den Tod, aber schließlich verloren die Franzosen den Kampf doch. Nach dem Krieg wurde eine große Festung auf Jersey gebaut, Fort Regent, das weitere Angriffe verhindern sollte. Die Franzosen haben die Inseln seitdem in Ruhe gelassen.

Das 19. Jahrhundert
Die Kanalinseln eigneten sich ausgezeichnet zum Schmuggeln und zur Piraterie. Alderney war schon im späten Mittelalter eine echte Pirateninsel. Jahrhundertelang wurde Tabak geschmuggelt. Mit Beginn des 19. Jahrhunderts erreichte die Piraterie ihren Höhepunkt. Der Schmuggel von Tabak und Alkohol, „La Fraude", brachte immer mehr Gewalttätigkeit. Wirtschaftlich gesehen wurden die Inseln stets wohlhabender. Im 19. Jahrhundert baute man zahlreiche Treibhäuser auf Guernsey. Der Gemüseanbau gewann an Bedeutung, und vor allem die Produktion von Tomaten war eine wichtige Einnahmequelle.

Die Kanalinseln bemerkten wenig vom Ersten Weltkrieg, und auch die darauffolgenden Jahre verliefen ruhig. Im Jahre 1930 (!) bekam Alderney Elektrizität, und auf Sark wurden Autos verboten. Nichts schien die Insulaner in ihrem Alltagsleben stören zu können, bis im Jahre 1940 die deutsche Besatzung folgte.

Die deutsche Besatzung
Für Großbritannien hatten die Kanalinseln keinen strategischen Wert. Darum wurden die Inseln 1940 entmilitarisiert; alle Soldaten verließen die Inseln, und alle Waffen wurden weggeschafft. Die Bevölkerung hatte die Wahl, die Inseln zu verlassen oder zu bleiben. Die Hälfte der Bevölkerung ging. Als die Deutschen am 28. Juni 1940 die Inseln stürmten, gab es keine Soldaten, die ihnen Widerstand leisten konnten. Sie besetzten die Inseln, und die Bevölkerung mußte sich nach den Regeln der Deutschen richten. Der Rechtsverkehr wurde eingeführt, und Lebensmittel durften ausschließlich in Frankreich gekauft werden. Diese Vorschriften riefen großen Widerwillen bei der Bevölkerung hervor. Die Deutschen sahen die Inseln als ersten Schritt zur Eroberung Eng-

lands. Auf Jersey wurden 16 Artillerie-Bataillone stationiert, auf Guernsey 15, auf Alderney fünf und auf Sark eine. Alte Türme und Mühlen wurden zu Beobachtungstürmen umgebaut. An den Stränden wurden zwei Meter dicke Panzerschutzwälle gebaut. Viele dieser deutschen Festungen, Bunker und Munitionslager sind noch heute zu sehen. Die Verteidigung der Inseln kostete die Wehrmacht ziemlich viel Geld, aber die militärische Bedeutung war gering. Auf Alderney wurden drei Arbeitslager und ein Konzentrationslager eingerichtet. Die Deutschen brachten Tausende von Gefangenen auf die Inseln: Juden, Polen, Russen und spanische Republikaner. Im September 1942 wurden 2000 Einwohner deportiert.

Bei Kriegsende, nach der Invasion in der Normandie, belagerte die britische Marine die Kanalinseln. Die Alliierten schickten allerdings keine Lebensmittel, und die Inseln fühlten sich im Stich gelassen. Als die Kanalinseln mit der Operation Nestegg befreit wurden, gab es keine britischen Soldaten, um die 275 Deutschen, die sich auf den Inseln befanden, zu bewachen. Die alte Dame of Sark übernahm diese Aufgabe eine Woche lang: Sie ließ die deutschen Minen räumen und sorgte dafür, daß die Bevölkerung ihre Radios zurückbekam.

Nach der Befreiung kehrten die meisten Insulaner, die vor dem Krieg nach England geflüchtet waren, auf die Kanalinseln zurück.

Nach dem Krieg

Die Kanalinseln führen ihre eigene Politik. Sie gehören zwar zur EG, haben aber einen Sonderstatus. Sie brauchen ihre Steuern nicht an die EG-Normen anzupassen. Der Tourismus wurde nach dem Krieg eine wichtige Einnahmequelle. Auch die moderne Technik setzte sich auf den Inseln durch. Sie bekamen einen eigenen Fernsehsender, Channel Television. Mindestens dreieinhalb Stunden pro Woche werden lokale Programme gesendet, der Rest wird bei Independant Television eingekauft. Im Jahre 1979 bekam Sark endlich eine automatische Telefonverbindung, aber nur, weil es für das alte Telefonnetz keine Ersatzteile mehr gab. Die Einwohner von Sark hätten lieber ihre „Lady Operator" behalten!

Allgemeine Informationen / Geschwindigkeitsbeschränkungen

In den 80er Jahren wurden auf dem Boden der Kanalinseln umfangreiche Geldtransaktionen getätigt. Premierministerin Thatcher hatte dafür gesorgt, daß keine Zustimmung der Englischen Bank mehr notwendig war, Geld auf die Kanalinseln zu überweisen. Dadurch wurden die Inseln ein bedeutendes Finanzzentrum.

Die Kanalinseln gehen mit der Zeit, aber die Geschichte hat deutliche Spuren hinterlassen. Wer einen der alten Sitze der Landlords besucht, die noch immer ihre alten Privilegien und Pächter haben, merkt, daß noch viele Traditionen aufrechterhalten werden.

Geschwindigkeitsbeschränkungen

Wegen der vielen Autos und der schmalen Straßen auf Jersey und Guernsey ist es auf jeden Fall erforderlich, sich an die Geschwindigkeitsbegrenzung zu halten. Da die Straßenränder oft von kleinen Mauern

Ländlich und mit verhaltenem Charme — die Ortschaften auf Guernsey

begrenzt werden, ist es manchmal unmöglich, einem entgegenkommenden Fahrzeug auszuweichen. In einem solchen Fall muß man schnell reagieren können und bremsen.

Höchstgeschwindigkeit auf Jersey: 40 Miles (64 km) pro Stunde, an manchen Stellen 20 Miles (32 km) pro Stunde.

Höchstgeschwindigkeit auf Guernsey: 35 Miles (56 km) pro Stunde, an manchen Stellen 25 Miles (40 km) pro Stunde.

Höchstgeschwindigkeit auf Alderney: 35 Miles (56 km) pro Stunde, in St-Anne 20 Miles (32 km) pro Stunde.

→*Auto, Verkehr*

Grüßen

Die Bevölkerung legt großen Wert auf Höflichkeit. Verkäufer in den Geschäften, Busfahrer, Ober und Polizisten grüßen immer freundlich. Ein

Ruine von Grosnez Castle auf Jersey

einfaches „Good morning", „Good afternoon", „Good evening" und „Good night" hört man gerne, und so sollte man auch jedes Gespräch mit den Einwohnern beginnen.

Karten

Bei der Tourist Information auf Guernsey und Jersey und bei Autovermietungen sind Straßenkarten kostenlos erhältlich. Diese Karten machen zwar einen sehr einfachen Eindruck, aber alle Straßen und Orte sind darin enthalten. In Deutschland sind ausgezeichnete Karten von den Kanalinseln im Buchfachhandel erhältlich.

Kinder

Kinder vergnügen sich natürlich vornehmlich am Strand. Auf Jersey und Guernsey gibt es viele Attraktionen wie die Vergnügungparks Fort Regent (Jersey) und Beau Séjour (Guernsey). Der Zoo auf Jersey ist auf jeden Fall einen Besuch wert. Guernsey hat ebenfalls einen gemütlichen kleinen Tiergarten. Es macht auch Spaß, mit den Kindern ins Restaurant „B.B.Q." zu gehen, das bei Gorey auf Jersey liegt. Hier können die Kinder während des Grillens draußen spielen.
Nicht alle Hotels nehmen Familien mit Kindern auf. Manchmal werden Kinder erst ab einem gewissen Alter zugelassen.

Kleidung

Für einen Urlaub auf den Kanalinseln sollte man Kleidung für jedes Wetter mitnehmen. Auf keinen Fall darf man einen warmen Pullover vergessen. Es ist oft windig auf den Inseln, und am Abend kann es plötzlich stark abkühlen.
Für Wanderungen über die Klippen sind feste Wanderschuhe und eine lange Hose unentbehrlich. Die meisten Wege sind in gutem Zustand, aber oft führen die schmalen Klippenpfade durch Dornengebüsch.
Für eine lange Wanderung auf Sark benötigt man spezielle Kleidung (→*Sark/Gouliot Caves*).

Klima

Da die Kanalinseln im warmen Golfstrohm liegen, herrscht hier ein angenehmes Klima. Auch die Sonne scheint sehr häufig. Manche Leute behaupten, daß die Kanalinseln ein subtropisches Klima haben, was aber nicht stimmt. Es gibt zwar einige Palmen, im Durchschnitt aber wird es in den Sommermonaten nicht wärmer als 22 Grad Celsius. Folgender Klimatabelle kann man Sonnenscheindauer und Durchschnittstemperaturen (in Grad Celsius) entnehmen.

	Durchschnittstemperatur	Sonnenstunden
Januar	9,8	6
Februar	10,4	84
März	11,3	140
April	12,1	205
Mai	17,4	267
Juni	17,7	274
Juli	21,0	298
August	21,4	281
September	18,8	203
Oktober	16,5	123
November	11,8	107
Dezember	9,5	66

Krankenhäuser

Jersey: General Hospital, Gloucester Street, St-Helier, Tel. 5 90 00; St-Saviours Hospital, St-Saviours, Tel. 5 67 77.
Guernsey: Princess Elisabeth Hospital, St-Peters Port, Tel. 72 52 41.
Alderney: Mignot Memorial Hospital, Crabby, Alderney, Tel. 82 28 22.
Das General Hospital bietet morgens eine kostenlose Sprechstunde für Touristen an (→*Ärztliche Versorgung*).

Krankenversicherung →*Versicherung*

Kriminalität

Auf den Kanalinseln gibt es sehr wenig Kriminalität. Das ist damit zu erklären, daß die Inseln klein sind und es beinahe unmöglich ist, sie unbemerkt zu verlassen.

Wenn jemand verdächtigt wird, etwas Kriminelles getan zu haben, erscheinen sein Name und seine Adresse in der Zeitung. Es kommt oft vor, daß ein Verdächtiger nach dem Erscheinen der Zeitung unerwarteten Besuch erhält. Die soziale Kontrolle ist in den kleinen Gemeinden sehr groß. Das ist auch der Grund dafür, daß die Touristen sich auf den Kanalinseln sehr geborgen fühlen. Es passiert hier so gut wie nie etwas.

Landschaft

Die Landschaft auf den Kanalinseln ist sehr abwechslungsreich. Am eindrucksvollsten sind die hohen Klippen an der Küste. Oft sind die Felsen nur spärlich bewachsen und fallen steil ins Meer ab. Aus der See ragen unzählige Felsen auf. Das macht das Bootfahren an der Küste manchmal sehr riskant. Außerdem ist der Höhenunterschied beim Gezeitenwechsel sehr groß. Er kann zehn bis fünfzehn Meter betragen. Zwischen den Klippen liegen viele große und kleine Buchten, häufig mit Sandstrand, aber manchmal auch mit Kiesstrand. Da die Buchten von hohen Felsen umgeben sind, kann man meistens im Windschatten sitzen. Bei Ebbe sind die Strände sehr breit, bei Flut aber stehen sie oft ganz unter Wasser.

Im Inselinneren von Jersey und Guernsey gibt es viele Bäume. Die schmalen Landstraßen, die schlängelnden Bachläufe und die Häuser aus Granit zeichnen eine malerische Landschaft, und auf den Weiden sieht man rotbraune Kühe friedlich grasen.

Die kleineren Inseln sind weniger dicht bewachsen. Alderney hat nur eine geringe Anzahl Bäume. Auf den Vorschlag, mehr Bäume zu pflanzen, reagieren die Einwohner konservativ: Sie lassen alles so wie es ist, und deshalb bleibt die Insel auch so windig, wie sie es immer war. Auf den kleineren Inseln kommen viele niedrige Pflanzen und Sträucher vor, die im Frühjahr für ein wahres Blumenmeer sorgen.

Maße und Gewichte

Auf den Kanalinseln bürgert sich das metrische System immer mehr ein. Nur Entfernungen werden noch mit „Miles" angegeben. Eine Meile entspricht etwa 1,6 km. Ansonsten verwendet man die gleichen Maßeinheiten wie im übrigen Europa.

Motorrad-, Scooter- und Mofavermietungen

Auf Jersey und Guernsey kann man Motorräder, Scooter und Mopeds mieten. Dazu ist in jedem Fall ein Motorradführerschein erforderlich. Das Mindestalter ist 18 Jahre, manchmal müssen die Mieter allerdings noch älter sein. Das Tragen eines Sturzhelms ist vorgeschrieben. Adressen: →*Ortsbeschreibungen Jersey, Guernsey; Fahrrad.*

Notfall

999 ist die allgemeine Notrufnummer für Polizei, Feuerwehr, Kranken- und Rettungswagen. Diese Nummer darf nur im Notfall gewählt werden. In weniger dringenden Fällen kann man sich an die Polizei oder das Krankenhaus (→*Polizei, Krankenhaus*) wenden. Die meisten Hotelrezeptionen können schnell einen Arzt rufen.

Öffentliche Verkehrsmittel →*Schiffsverbindungen, Busse*

Öffnungszeiten

Die **Geschäfte** sind täglich von 9 bis 17.30 Uhr geöffnet. Sonntags sind die Läden geschlossen. Auf Jersey sind einige kleine Geschäfte auch abends und sonntags geöffnet. Donnerstags schließen viele Läden früher.

Pubs
Jersey: täglich von 9 bis 23 Uhr. Sonntags von 11 bis 13 Uhr und von 16.30 bis 23 Uhr.

Guernsey: täglich von 10.30 bis 23 Uhr. Sonntags sind die Pubs geschlossen, nur die Hotels sind geöffnet.
Alderney: täglich von 10 bis 24 Uhr (im Sommer an Wochentagen bis 1 Uhr nachts). Sonntags von 12 bis 14 Uhr und von 20 bis 24 Uhr.
Banken
Die Banken sind von Montag bis Freitag zwischen 9 und 17.30 Uhr geöffnet. Auf Alderney schließen die Banken von 13 bis 14.30 Uhr.
Postämter
Die Postämter sind von Montag bis Freitag zwischen 9 und 17.30 Uhr geöffnet. Auch sonnabends sind die Postämter geöffnet.
Auf Guernsey ist am Sonntag fast alles geschlossen. Das gilt auch für Tankstellen.

Ortsnamen

Wenn man Landkarten von den Kanalinseln betrachtet, fällt einem auf, daß die Ortsnamen oft unterschiedlich geschrieben werden. Denn die Einwohner der Kanalinseln verwenden gleichzeitig englische und französische Ortsnamen. Der Felsen Jeffrey's Leap auf Guernsey wird auch häufig Le Saul de Geoffreoi genannt. Quetivell Mill heißt auch Le Moulin de Quétivel, und St-Peter-in-the-Wood wird zu St-Pierre-du-Bois. Um es noch schwieriger zu machen, wird St-Peter-in-the-Wood manchmal verkürzt St-Peter genannt. Diesen Ort darf man aber nicht mit der Hauptstadt Guernseys, St-Peter Port, verwechseln.
Es gibt oft auch kleine Varianten von Ortsnamen. Man findet: Torteval und Tortival, Castle und Câtel, Kempt Tower und Kemp Tower. Hinter die Namen der Pfarrgemeinden schreibt man oft „s". Das ergibt dann: St-Saviour und St-Saviour's, St-Martin und St-Martin's.

Pannenhilfe

Die Pannenhilfe auf den Kanalinseln heißt AA (Automobile Association) und ist rund um die Uhr erreichbar. Man kann die AA rufen, wenn man mit dem eigenen Fahrzeug auf den Kanalinseln eine Panne hat. Die kostenlose Telefonnummer für Jersey und Guernsey lautet 08 00-

88 77 66. Bei einer Panne mit einem Mietwagen ist es besser, die Autovermietung anzurufen. Diese Firmen haben meistens einen eigenen Servicedienst, der schnell zur Stelle ist.

Polizei

Jersey: Hauptpolizeiwache, Rouge Bouillon, St-Helier, Tel. 6 99 96.
Guernsey: Hauptpolizeiwache, St-James Street, St-Peter Port, Tel. 72 51 11.
Alderney: Polizeiwache, Court House, St-Anne, Tel. 82 27 31.
Auf Jersey gibt es noch eine freiwillige Polizei, die „honorary police". Jede Pfarrgemeinde hat ihre eigenen Polizisten, die noch bis vor etwa 20 Jahren sehr viel Einfluß und Macht hatten.
→*Jersey/Polizei*

Politik →*Regierung*

Post

Postämter
Jersey: Hauptpostamt, Broad Street, St-Helier.
Guernsey: Hauptpostamt, Smith Street, St-Peter Port.
Alderney: Postamt, Victoria Street, St-Anne.
Die Orte auf Guernsey und Jersey besitzen Postfilialen. Auch Herm und Sark haben ein eigenes kleines Postamt.

Briefmarken
Jersey und Guernsey geben eigene Briefmarken heraus. Auf Jersey dürfen nur mit Jersey-Briefmarken frankierte Briefe und Karten mit der Post verschickt werden. Auf Guernsey, Alderney, Sark und Helm sind Guernsey-Briefmarken erforderlich.

Reiseapotheke

Auf den Kanalinseln sind alle Medikamente erhältlich. Man sollte aber nicht vergessen, daß Apothekenrechnungen im Ausland meistens nicht durch die Krankenkasse ersetzt werden. Deshalb ist es ratsam, genügend Medikamente für den Eigenbedarf mitzunehmen und eine gute Krankenversicherung abzuschließen.

Die Sonne ist auf den Kanalinseln intensiver als in Deutschland. Das liegt unter anderem an der geringen Luftverschmutzung auf den Inseln. Es ist darum wichtig, vor dem Sonnen ein Sonnenschutzmittel mit hohem Lichtschutzfaktor zu verwenden.

Regierung

Die Kanalinseln haben eine besondere Bindung an Großbritannien. Im 13. Jahrhundert haben sie die englische Krone der französischen vorgezogen, ihre Angelegenheiten im großen und ganzen jedoch immer selbst geregelt. Die englische Krone ist nur für die Verteidigung und die Auslandsbeziehungen der Inseln verantwortlich.

Die Kanalinseln sind in zwei Bezirke eingeteilt, die sogenannten Bailiwicks. Der eine Bezirk ist Jersey, der andere besteht aus Guernsey, Alderney, Sark und Herm. Beide Bezirke haben einen durch die britische Krone bestellten Gouverneur, der als persönlicher Vertreter der Königin auftritt. Die Bezirke haben auch eine durch die Bevölkerung gewählte Volksvertretung, die in beiden Bezirken unterschiedlich zusammengesetzt ist. Der „Bailiff", der Vorsitzende von einer solchen Volksvertretung, wird durch die englische Krone eingesetzt.

Es gibt keine politischen Parteien auf den Kanalinseln. Jeder Einwohner kann für einen Sitz in der Volksvertretung kandidieren. Ohne Parteien gibt es natürlich auch keine offizielle Opposition. Alle drei Jahre werden allgemeine Wahlen abgehalten.

Reisen auf den Inseln

Ob mit dem Bus, Auto, Fahrrad oder zu Fuß — das Reisen auf den einzelnen Inseln ist wegen der kleinen Entfernungen kein Problem. Alderney ist die einzige Insel, die über eine Bahn verfügt. Der „Alderney Express" ist eine alte Eisenbahn mit einer Dampflokomotive, die als Touristenattraktion über die Insel fährt.

Angeblich geben sie die beste Milch der Welt ▶

Allgemeine Informationen / Reisen von Insel zu Insel

Reisen von Insel zu Insel

Man kann mit dem Schiff fahren oder das Fluzeug nehmen. Herm und Sark sind nur mit dem Schiff zu erreichen. Einige Gesellschaften organisieren Ausflüge auf die verschiedenen Inseln. Nähere Auskünfte erteilt die Tourist Information auf Jersey und Guernsey.
→*Schiffsverbindungen, Flugverbindungen*

Religion

Die anglikanische Kirche hat viele Anhänger auf den Kanalinseln. Guernsey und Jersey sind in Pfarrgemeinden, *Parishes*, eingeteilt, die alle eine eigene Kirche haben, die Parish Church. Diese Pfarrgemeinden beeinflussen bis zum heutigen Tag das Leben auf den Inseln. So hat auf Jersey jede Gemeinde ihre eigene freiwillige Polizei (→*Polizei*). Im Mittelalter unterstand die Kirche dem Bischof von Coutances. Dieser war ein normannischer Bischof, und nicht, wie man vielleicht erwarten würde, ein englischer. Nach der Entstehung der anglikanischen Kirche wurde beschlossen, die Kanalinseln Salisbury und später Winchester zuzuteilen. In der Kirche wurde aber noch lange französisch gesprochen. Erst im Jahre 1860 ging man zur englischen Sprache über. Neben der anglikanischen Kirche gibt es noch andere Glaubensrichtungen, zum Beispiel die methodistische und die römisch-katholische Kirche.

Die Anfangszeiten der **Gottesdienste** stehen an den Kirchentüren, aber auch die Tourist Information und die Hotelrezeptionen geben darüber Auskunft.

Restaurants →*Essen und Trinken*

Schiffsverbindungen

Die Schiffsverbindungen zwischen den Inseln werden von verschiedenen Gesellschaften unterhalten. Eine Rückfahrkarte von Jersey nach Guernsey kostet ungefähr £21 (Kinder £12). Herm und Sark sind von Guernsey aus gut erreichbar. Eine Rückfahrkarte von Guernsey nach Sark kostet etwa £13 (Kinder £6); von Guernsey nach Herm zahlt man £5. Sark ist auch ab Jersey zu erreichen. Eine Rückfahrkarte von Jersey nach Sark kostet etwa £20 (Kinder £12). Informationen über die Fahrpläne und die Preise bekommt man am besten bei der Tourist Information vor Ort.

Schiffahrtsgesellschaften
Die Fähren zwischen Jersey und Guernsey gehören unter anderem der Gesellschaft „British Channel Island Ferries" (BCIF). Zwischen Jersey und Sark fahren täglich Boote der Gesellschaft „Condor" (Telefon auf Jersey: 7 63 00, auf Guernsey: 72 61 21). Wer mit der BICF fährt, muß in St-Peter Port auf ein Schiff der „Isle of Sark Shipping Company" umsteigen (Guernsey — Sark, Tel. 72 40 59). Sonntags gibt es keine Fährdienste.

„Emeraude Lines" unterhält Fährverbindungen von Frankreich (St-Malo) auf die Kanalinseln und von Jersey nach Guernsey und Sark. Passagiere werden mit schnellen Katamaranen („Tridents") auf die Inseln gebracht, Fahrzeuge werden mit der Autofähre („Solidor II") übergesetzt, welche allerdings nicht nach Sark fahren. Telefon auf Jersey: 6 65 66, auf Guernsey: 71 14 14.

Ab Guernsey fahren täglich Boote nach Herm. Im Hafen von St-Peter Port befinden sich Büros verschiedener Gesellschaften, die nach Herm fahren.

„Emeraude Lines", „BCIF" und „Brittany Ferries" unterhalten Linienschiffe nach England. Schiffsverbindungen vom Festland auf die Kanalinseln →*Anreise*.

Sehenswürdigkeiten

Hohe Klippen über einer rauhen See, eine alte Festung, die vor der Küste auf einer Sandbank im Meer gebaut wurde und nur bei Ebbe zu Fuß

Allgemeine Informationen / Sprache

erreicht werden kann, alte Landhäuser von adligen Familien, deren Geschichte bis zu den normannischen Rittern zurückreicht: Viele Sehenswürdigkeiten auf den Kanalinseln stehen im Zeichen der Geschichte und der See.

Auf allen Inseln gibt es Wanderwege über die **Klippen**. Auf Jersey und Guernsey kann man beinahe die ganze Insel auf diesen Klippenpfaden umrunden, doch auch auf Herm, Sark und Alderney ist es möglich auf den Klippen spazierenzugehen. Die Granitklippen ragen oft mehr als zehn oder 20 Meter aus dem Wasser und machen die Küste außerordentlich interessant und abwechslungsreich. Man kann hier tagelang wandern und hat immer wieder eine andere Aussicht auf das Meer.

Die meisten **Festungen und Burgen** auf den Inseln und vor den Küsten können besichtigt werden. Die beiden bedeutendsten Burgen auf Jersey sind **Elizabeth Castle**, auf einer Insel vor St-Helier, die nur bei Ebbe zu Fuß zu erreichen ist, und **Mont Orgueil Castle** (Gorey), das hoch auf den Felsen über dem Hafen liegt. Die schönste Burg auf Guernsey ist **Castle Cornet** bei St-Peter Port. Auch diese Burg liegt auf einer Insel vor der Küste, ist aber durch eine Mole mit der Stadt verbunden.

Die alten **Landhäuser** zeugen vom feudalen System, das seit Jahrhunderten auf den Inseln herrscht und noch immer nicht ganz verschwunden ist. Hier wohnt der „Seigneur", der Landherr, der die umliegenden Ländereien an Bauern verpachtet. Der Seigneur genießt noch immer bestimmte überlieferte Privilegien. Einige Landhäuser stehen Besuchern offen, aber nicht immer kann auch die Einrichtung besichtigt werden. Die Landhäuser werden „Manors" genannt. Das älteste ist St-Quen's Manor auf Jersey. Hier wohnt die adlige Familie Carteret, eine der bedeutendsten Familien der Insel.

Alle anderen Sehenswürdigkeiten →*Ortsbeschreibungen*.

Sprache

Auf allen Inseln wird Englisch gesprochen. In vielen Orten gibt es allerdings auch französische Namen und Ausdrücke. Im Inselinneren spricht man noch das „Patois", einen Dialekt aus der Normandie. Das Patois klingt französisch, doch auch Franzosen können diesen Dialekt nur

schwer verstehen. Auf Jersey spricht man ein anderes Patois als auf Guernsey. Man nennt diese Dialekte auch Jerseyfrench und Guernseyfrench. Geschrieben werden diese Sprachen kaum, obwohl es eine Grammatik gibt. Auf Alderney wird kein Patois mehr gesprochen.
Die französische Sprache findet man vor allem in Ortsnamen. Auf Guernsey wird St-Peter-in-the-Wood auch St-Pierre-du-Bois genannt. Auch Straßennamen werden abwechselnd in englischer und französischer Sprache angegeben: Braye Road wird dann zu Rue du Braye.

Strände →*Jersey/Strände, Guernsey/Strände*

Tankstellen

Es gibt genügend Tankstellen auf Jersey, Guernsey und Alderney. Das Benzin ist sehr billig, und auch bleifreies Benzin ist überall erhältlich.

Einzigartig: die Landschaft im Inselinneren von Jersey

Allgemeine Informationen / Telefonieren

Autogas wird auf den Inseln nicht verkauft. Auf Guernsey sind die Tankstellen am Sonntag geschlossen.

Telefonieren

Man kann alle Telefonnummern auf den Kanalinseln automatisch anrufen. Von Deutschland aus wählt man erst die internationale Kennzahl 00, dann die Landesnummer 44, dann die Vorwahl der Insel (Jersey: 534; Guernsey, Alderney, Sark und Herm: 481) und die betreffende Telefonnummer. Wenn man zum Beispiel die Tourist Information auf Jersey anrufen will, wählt man 00 44 534 780. Die Tourist Information auf Guernsey hat die Nummer: 00 44 4 81 72 35 52.
Die Telefonnummern auf Alderney beginnen immer mit 4 81 82 und die Telefonnummern auf Sark mit 4 81 83.
Telefonieren innerhalb der Inseln
Wenn man von Sark aus auf einer anderen Kanalinsel anrufen will, wählt man erst die 8. Um von Guernsey, Alderney und Herm nach Jersey zu telefonieren, wählt man erst 81; von Sark aus 881.
Telegramme
Man kann telefonisch Telegramme ins Ausland aufgeben.

Tiere

Touristen dürfen keine Tiere auf die Kanalinseln mitbringen. Da man Tollwutepidemien befürchtet, darf ein Tier erst nach einer Quarantäne von sechs Monaten auf die Inseln. Heimlich mitgenommene Tiere laufen Gefahr, getötet zu werden. Für weitere Informationen wende man sich an den Chief Executive Officer, Department of Agriculture and Fisheries, Howard Davis Farm, Trinity, Jersey, Tel. 6 50 74.

Trinkgeld

Es ist jedem selbst überlassen, ob er Trinkgeld geben will. Wenn das Personal in einem Restaurant oder Hotel sehr zuvorkommend war, ist ein Trinkgeld natürlich schon angebracht.

Unfälle →*Ärztliche Versorgung, Krankenhäuser, Notfall, Polizei*

Unterhaltung

Auf Jersey und Guernsey gibt es ein großes Angebot an Unterhaltungsmöglichkeiten. Beide Inseln haben einen Freizeitpark, Fort Regent und Beau Séjour. Das Nachtleben spielt sich hauptsächlich in St-Helier auf Jersey und in St-Peter Port auf Guernsey ab. Auf Jersey gibt es zwei Kinos, drei Theater, sechs Kabarettbühnen und verschiedene Diskotheken. Auch auf Guernsey gibt es einige Diskotheken und ein Kino. Außerdem werden regelmäßig Musikfestivals auf der Insel organisiert, und auch die Hotels bieten ihren Gästen Unterhaltungsprogramme.
Auf Alderney, Sark und Herm gibt es zwar einige Pubs, aber ansonsten wird hier wenig für die Unterhaltung der Touristen und Einheimischen getan. Diese Inseln haben „Unverdorbenheit" und Ruhe zu ihrem Markenzeichen gemacht.
→*Ortsbeschreibungen*

Unterkunft

Die Kanalinseln bieten eine große Auswahl an Unterkünften. Es gibt Hotels, Pensionen (guest houses), Ferienhäuser (self catering) und Campingplätze (→dort). Es gibt keine Jugendherbergen auf den Kanalinseln. Im allgemeinen sind die Unterkünfte ausgezeichnet und verhältnismäßig preiswert. Übernachtungen können über ein Reisebüro oder direkt bei den jeweiligen Hotels, Pensionen oder Ferienhäusern gebucht werden. Auskünfte bekommt man auch bei den folgenden Adressen, über die man die Unterkünfte auch reservieren kann:
Jersey Tourism, Liberation Square, St-Helier, Jersey, Tel. 3 19 58.
Guernsey Tourist Information Bureau, P.O. Box 23, St-Peter Port, Guernsey, Tel. 72 35 55.

Hotels
Die Hotels sind meistens sehr geschmackvoll eingerichtet. Die Zimmer sind sauber und bieten jeden Komfort.

Allgemeine Informationen / Verkehr

Auf Jersey sind die Hotels in verschiedene Kategorien eingeteilt, die durch Sonnensymbole (1 bis 5) gekennzeichnet sind. Je mehr Sonnensymbole ein Hotel hat, desto besser ist die Qualität der Unterkünfte. Auf Guernsey gibt es ein vergleichbares System mit Kronensymbolen. Auch hier gibt es fünf Kategorien. In Hotels mit einer Krone hat mindestens ein Viertel der Zimmer ein Badezimmer oder eine Dusche, sowie eine Toilette. Hotels, die diesen Anforderungen nicht genügen, werden zwar vom englischen Fremdenverkehrsverein anerkannt, bekommen aber keine Krone. Sie werden nur als „registered" geführt.

Pensionen

Die Pensionen sind im allgemeinen sehr gemütlich, da die Gastgeber oft ihr eigenes Haus zur Verfügung stellen. In den meisten Pensionen wird Abendbrot serviert, wenn die Gäste dies wünschen. Auf jeden Fall gibt es aber immer ein (englisches) Frühstück.

Auf Jersey sind die Pensionen in Kategorien von einem bis zu drei Diamantensymbolen eingeteilt. Auf Guernsey gibt es ein System von A bis D, wobei A die beste Kategorie ist.

Ferienhäuser

Die traditionellen Häuser aus Granit (Cottages) werden oft als geschmackvoll eingerichtete Ferienhäuser vermietet. Auf Jersey werden die Kategorien durch Sonnensymbole angegeben, auf Guernsey sind die Ferienhäuser wie die Pensionen in die Klassen A, B, C und D eingeteilt.

→ *einzelne Inseln*

Verkehr

Auf den Kanalinseln fährt man auf der linken Straßenseite. Die Straßen sind sehr schmal, aber es gibt trotzdem kaum Einbahnstraßen. Bei Gegenverkehr muß deshalb oft ein Auto zurücksetzen, um das andere Fahrzeug vorbeizulassen. Wegen der kleinen Mauern an den Straßenseiten sind die Kreuzungen teilweise unübersichtlich. Man sollte daher stets die Geschwindigkeitsbeschränkungen einhalten und möglichst auf größeren Straßen fahren.

Tip: Da es wenige Wegweiser gibt, besteht die Gefahr sich zu verfahren. Um dies zu vermeiden, sollte man eine Kirche als Orientierungspunkt im Auge behalten.
Ein gelber Strich auf der Fahrbahn vor einer Kreuzung bedeutet Vorfahrt gewähren. Auf Guernsey und Alderney weist an manchen Stellen eine gelber Pfeil auf der Fahrbahn darauf hin, daß sich 30 m weiter eine Kreuzung mit einer Vorfahrtstraße befindet. Ein Verkehrsschild mit der Aufschrift „Filter in Turn" gibt an, daß sich die Autos im Reißverschlußsystem einordnen müssen.
Auf Autofahren unter Alkoholeinfluß stehen übrigens hohe Bußgelder.

Versicherung

Es ist ratsam, vor dem Urlaub eine ausreichende Krankenversicherung abzuschließen, da es hier keine Behandlungen auf Krankenschein gibt. Arztbesuche und Medikamente muß man bar bezahlen.

Visum →*Dokumente*

Wandern

Auf den Kanalinseln kann man prächtige Wanderungen unternehmen. Jeder Besucher, ob jung oder alt, sollte mindestens einmal einen Spaziergang über die Klippen oder durch das ländliche Inselinnere machen. Die abwechslungsreiche Küste und die idyllischen Buchten verleihen den Inseln einen märchenhaften Reiz. Auf den Kanalinseln werden spezielle Wanderführer verkauft. Verirren kann man sich eigentlich nicht, man muß nur dem Küstenweg folgen.
→*Jersey/Wandern, Guernsey/Wandern*

Wasser

Das Leitungswasser auf den Kanalinseln besitzt gute Trinkwasserqualität, dennoch wird überall Mineralwasser verkauft. Verschiedene „Reservoirs", Wasserbecken, versorgen die Bevölkerung mit Trinkwasser. In St-Martin auf Guernsey steht ein großer Wasserturm, der für fließendes Wasser in den Häusern sorgt. Auf Jersey gibt es noch einige Orte ohne Wasserleitung. In St-Queen haben manche Häuser eigene Brunnen, aus denen Wasser gepumpt wird, das auch als Trinkwasser verwendet wird. In St-Queen's Valley wird ein neues Wasserreservoir angelegt, das die gesamte Insel mit Trinkwasser versorgen soll.

Wirtschaft

Die Kanalinseln gehören der EG an, aber sie unterliegen besonderen Steuerregelungen. Sie müssen ihre Steuern nicht an die EG-Normen anpassen. In den 80er Jahren blühte die Wirtschaft auf, da die britische Regierung beschlossen hatte, daß der Geldverkehr mit den Kanalinseln ohne Zustimmung der Englischen Bank erfolgen könne. Die Kanalinseln wurden dadurch sehr attraktiv für den Geldmarkt der ganzen Welt. Alle großen Banken haben hier eine Niederlassung und schaffen so Tausende von Arbeitsplätzen. Es herrscht sogar Arbeitskräftemangel. Da neue Inselbewohner hohen finanziellen Anforderungen genügen müssen, können die Banken nur hochbezahlte Finanzexperten von außerhalb anstellen. Junge Berufsanfänger aus der eigenen Bevölkerung sind deshalb „Mangelware". Schulabgängern werden auf den Kanalinseln meistens schon vor der Abschlußprüfung Arbeitsstellen bei den Banken angeboten.

In vielen Straßen sieht man Türen mit einer ganzen Reihe von Namensschildern; auf diesen Schildern stehen die Namen von Firmen und „registered offices". Das bedeutet, daß diese Firmen hier eine Postanschrift haben und so finanzielle Transaktionen ausführen können.

Neben dem Bankwesen ist der Tourismus eine wichtige Einnahmequelle. Die meisten Touristen kommen aus England; sie haben das Gefühl, im Ausland zu sein, ohne weit reisen zu müssen. In den letzten 20 Jahren ist auch der Fremdenverkehr aus Frankreich stark angestiegen. Die Restaurants passen sich dieser Tendenz mit Speisekarten in französischer Sprache und mit französischen Gerichten an.

Auch der Ackerbau und Obstanbau sind wichtige wirtschaftliche Faktoren. Auf Jersey werden hauptsächlich Kartoffeln angebaut, auf Guernsey gibt es viele Treibhäuser mit Tomaten. Es werden auch Schnittblumen gezüchtet, häufig in Zusammenarbeit mit niederländischen Unternehmen.
Die Viehzucht dient hauptsächlich der Selbstversorgung. Die rotbraunen Kühe, Jersey Cows und Guernsey Cows, sollen die beste Milch der Welt geben. Das hängt auch damit zusammen, daß es hier keine Umweltverschmutzung durch Industrie gibt.
Früher gab es viele Schafe auf den Inseln. Von der dicken Wolle wurden „Guernseys" und „Jerseys" gestrickt, unverwüstliche Pullover, von denen man sagt, daß sie „wie ein Brett sitzen". Die „Guernseys" und „Jerseys" unterscheiden sich durch unterschiedliche Motive an den Schultern und am Halsausschnitt.
Früher wurden aus dieser Wolle auch wasserdichte Socken hergestellt. Im 16. und 17. Jahrhundert brachten die Strümpfe so viel ein, daß große Teile der Bevölkerung — Männer, Frauen und Kinder — mit Stricken beschäftigt waren. Sogar in der Kirche wurde gestrickt, bis es verboten wurde, weil das Geräusch klappernder Stricknadeln den Gottesdienst störte. Es kam sogar so weit, daß die Regierung der Kanalinseln ihre Wirtschaft gefährdet sah und beschloß, daß in der Erntezeit nicht mehr gestrickt werden durfte. Viele Touristen nehmen einen „Guernsey" oder „Jersey" als Souvenir mit nach Hause.

Zeit

Die Uhren gehen auf den Kanalinseln, wie auch in England, gegenüber Deutschland „eine Stunde vor". Es gibt auch eine gesetzliche Sommerzeit, die von Ende März bis Ende Oktober gilt.
Auf den Kanalinseln wird die Zeit folgendermaßen angegeben: vor 12 Uhr mittags heißt es a.m. (ante meridiem), nach 12 Uhr mittags sagt man p.m. (poste meridiem). Es heißt also nicht 19 Uhr, sondern 7 p.m.

Allgemeine Informationen / Zeitungen

Zeitungen

Internationale Zeitungen und deutsche Tagesblätter werden täglich mit dem Flugzeug auf die Inseln gebracht. In St-Peter Port (Guernsey) sind diese Zeitschriften bei einigen größeren Buchhandlungen erhältlich In St-Helier (Jersey) kann man seine Zeitungen bei Island News in der King Street kaufen.

Lokalzeitungen: Jersey und Guernsey geben beide eine eigene Zeitung heraus, die „Jersey Evening Press" und die „Guernsey Evening Post and Star". Diese Zeitungen berichten nur über lokale Ereignisse. Man bekommt einen guten Eindruck davon, was für die Bevölkerung von Interesse ist. Ein kurzer Überblick über den Inhalt einer beliebigen Ausgabe dieser Zeitungen: die größte Dahlie, die je gezüchtet wurde; der riesige Fisch, der gestern gefangen wurde; ein Ehestreit, der eskaliert ist. Auf der Titelseite wird die mögliche Abschaffung der jahrhundertealten Privilegien des Seigneur erwähnt: „This subject is a minefield, I don't think anyone would like to pick it up." Übersetzt heißt das: „Dies

Herm erkundet man am besten mit Pferd und Wagen

ist ein heißes Eisen, das niemand gerne anfassen will". Diese Zeitungen bringen keine internationalen oder englischen Nachrichten. Der „Guernsey Evening Press and Star" wird auch auf Sark, Herm und Alderney gelesen.

Zoll

Pro Person (bei Reisenden aus Ländern, die nicht zum EG-Binnenmarkt zählen) dürfen die folgenden Waren zollfrei ausgeführt werden:
Steuerfrei gekauft: 2 Liter Wein plus 1 Liter Sprituosen über 22% oder 2 Liter Spirituosen unter 22% oder 2 Liter Wein; 200 Zigaretten oder 50 Zigarren oder 100 Zigarillos oder 5 Päckchen Tabak; 50 Gramm (60 cl) Parfum und 250 cl Eau de Toilette; sonstige Waren bis zu einem Wert von 115 DM.
Mit Einführung des Europäischen Binnenmarktes fallen die Zoll- und Steuergrenzen bei Waren, die von Reisenden innerhalb der EG erworben werden.

Auf den Kanalinseln sind die Wanderwege gut ausgeschildert

Jersey / Archäologie

Es wird weiterhin eine Höchstgrenze bei der Ein- und Ausfuhr von Alkohol und Tabakwaren bestehen bleiben, um gewerblichen von Privatkauf unterscheiden zu können.

Höchstgrenzen:

800 Zigaretten, 400 Zigarillos, 20 Zigarren und 1 kg Pfeifentabak oder 1 kg Tabak zum Selberrollen. 10 Liter Spirituosen, 20 Liter weinhaltige Getränke, 90 Liter Wein (max. 60 Liter Schaumwein), 110 Liter Bier.

Die Kanalinseln erheben keine Mehrwertsteuer. Daher sind viele Artikel im Vergleich zu England sehr preisgünstig. Für deutsche Besucher ist der Preisunterschied allerdings gering. Da die Kanalinseln viele Waren einführen müssen, sind die Preise für die täglichen Bedarfsgüter recht hoch. Videos, Fotokameras, Medikamente und gute Markenschuhe sind dagegen preiswert. Beim Einkauf von Schmuck darauf achten, daß englisches Gold oft nur 9 statt 14 bis 18 Karat hat, wie es in Deutschland üblich ist.

Auf den Flughäfen der Kanalinseln gibt es keine speziellen Duty-Free-Shops.

Zug →*Reisen auf den Inseln*

Jersey

Ärztliche Versorgung →*Allgemeine Informationen*

Archäologie
La Cotte St-Brelade
Diese Höhle bei Quesné an der Südwestküste Jerseys wurde schon vor mindestens 250 000 Jahren von Menschen bewohnt. Archäologen haben hier 13 Zähne von Neandertalern und den Teil eines Schädels gefunden. Außerdem fand man Knochen von Mammuts und Rhinozeros-

sen. Wahrscheinlich wurden diese großen Tiere über die hohen Klippen gejagt und, wenn sie sich zu Tode gestürzt hatten, als Beute in die Höhle gebracht. Die Höhle kann man nur bei Niedrigwasser betreten. Auch Belle Hougue Point, an der Nordküste Jerseys, wurde zum Jagen benutzt. Im Jahre 1881 fand man die ersten Spuren aus der Steinzeit in La Cotte St-Brelade, und seitdem wurde die Höhle gründlich erforscht. Obwohl die letzten Ausgrabungen schon 1978 gemacht wurden, kann man die Höhle immer noch nicht besichtigen.

Dolmen
Eine ganz besondere Sehenswürdigkeit auf Jersey sind die Dolmen: große senkrecht aufgestellte Felsbrocken, die durch liegende Steine bedeckt sind. Im Neolithkum (4000 bis 1800 v. Chr.) haben die damaligen Einwohner der Insel ungefähr 60 Dolmen errichtet. 15 Dolmen sind verhältnismäßig gut erhalten geblieben. Die Dolmen waren Grabstätten und Heiligtümer, in denen die Toten verbrannt und beigesetzt wurden. Die meisten Dolmen stehen an der Küste, und viele wurden mehr als 1000 Jahre benutzt.

Die ältesten Dolmen haben einen langen schmalen Gang, an dessen Ende sich ein hohes, breiteres Zimmer befindet, so beispielsweise *Monte Ubé* in St-Clement, *La Sergenté* in St-Brelade und *La Hougue Bie* in Grouville. Nur La Hougue Bie ist noch vollständig erhalten.

Später wurden andere Dolmen gebaut, zum Beispiel die kreisförmigen Gräber *The Ossuary* in St-Brelade und *Ville ès Nouaux* in St-Helier. Eine dritte Art Dolmen kommt hauptsächlich in Frankreich vor und hat die Form eines Ganges. Ein Beispiel für die sogenannten „Gallery Graves" ist *Le Couperon* in St-Martin auf Jersey.

An der Westküste Jerseys, in St-Brelade, stehen einige **Menhire**, große, senkrecht stehende Steine, deren Zweck immer noch nicht erforscht ist.
→*La Hougue Bie, Jersey Museum*

Autovermietungen

Im Durchschnitt zahlt man für ein Auto der Mittelklasse (Klasse A) etwa £15 pro Tag und £80 pro Woche. Luxusautos kosten £25 pro Tag und

Jersey / Autovermietungen

£150 pro Woche (→*Allgemeine Informationen*).

Auf Jersey kann man bei folgenden Firmen Autos mieten:
Leisure Drive, Perth House, St-Aubin, Tel. 4 32 36.
Budget Rent A Car, Airport Road, St-Brelade, Tel. 4 61 91.
Harrington's Hire Cars, Red Houses, St-Brelade, Tel. 4 13 63.
Premier Hire Cars, St-Brelade's Bay, Tel. 4 22 83.
Fauvic Hire Cars, Fauvic, Grouville, Tel. 5 25 40.
A-Z Hire Cars, 9a Esplanade, St-Helier, Tel. 3 65 56.
Aardvark Hire Cars, Esplanade, St-Helier, Tel. 3 65 56.
Barnes Hire Cars, Victoria Street, St-Helier, Tel. 2 13 93.
Castle Cars, 21/23 St-Saviour's Road, St-Helier, Tel. 2 39 28.
Charles Street Car Hire, 14/18 Charles Street, St-Helier, Tel. 2 12 42.
Dolphin Travel, 21 Gloucester Street, St-Helier, Tel. 2 77 27.
Gorey Hire Cars, 33 Gloucester Street, St-Helier, Tel. 2 39 24.
Hallmark Cars, 11 Caledonia Place, St-Helier, Tel. 7 61 22.
Hendun Cars, 9 Lewis Street, St-Helier, Tel. 7 96 04.
Hireride, 1 St-John's Road, St-Helier, Tel. 3 19 95.
Ideal Hire Cars, Springfield Annexe, Javrin Road, St-Helier, Tel. 2 51 29.
Kingslea Hire Cars, 70 Esplanade, St-Helier, Tel. 2 47 77.
Souvereign Hire Cars, 27 Esplanade, St-Helier, Tel. 7 12 38.
J. Urquhart & Son, 65 Kensington Place, St-Helier, Tel. 3 33 40.
Viceroy Hire Cars, 39 Commercial Street, St-Helier, Tel. 3 86 98.
West Park Cars, Patriotic Street, St-Helier, Tel. 2 65 57.
Zebra Hire Cars, Esplanade, St-Helier, Tel. 3 65 56.
A.E., St-Martin's Garage, La Grande Route de Faldouet, St-Martin, Tel. 5 43 02.
Avis Rent a Car, St-Peter's Garage, St-Peter, Tel. 8 32 88.
Europcar, Arrivals Hall, Jersey Airport, St-Peter, Tel. 4 31 56.
Hertz Rent-a-Car, Arrivals Hall, Jersey Airport, St-Peter, Tel. 4 56 21.
Polar Self Drive, Beaumont, St-Peter, Tel. 2 45 77.
Falle's Hire Cars, Longueville Road, St-Saviour, Tel. 7 70 11.
St-Bernards Hire Cars, Carrefour-au-Clercq, St-Saviour, Tel. 5 62 22.

Die prächtige Blumenparade „Battle of Flowers" ▶

Bars

In St-Helier gibt es mit Sicherheit die meisten Pubs. Beliebt sind unter anderem *Cock & Bottle* am Royal Square und *Friday's Café Bar* am Halkett Place. Die Einrichtung des *Café de Paris*, das von vielen aufstrebenden, jungen Geschäftleuten besucht wird, ist ganz im Stil der 20er Jahre gehalten. Hier bekommt man sein Bier nicht in Pints, sondern in schicken hohen Gläsern.
Lido's Wine Bar & Brasserie in der Market Street und *The Office* in der Wharf Street servieren außer Getränken auch gute Gerichte
The Ware House am Caledonia Place wird hauptsächlich von jungen Leuten zwischen 18 und 21 Jahren besucht. In diesem Lokal erklingt grundsätzlich laute Musik.
Lilie Langtry Bar (La Motte Street) ist ,,Jersey Lillie" gewidmet, einer Dame, die im letzten Jahrhundert ein Verhältnis mit dem Prince of Wales hatte. In diesem Pub sind darum auch viele Erinnerungen an diese lokale Berühmtheit zu sehen.
Auch in St-Helier gibt es genügend Pubs. Ein typischer Fischer-Pub ist *The Dolfin* am Hafen von Gorey, in dem hartgesottene Seeleute ihr Bier trinken und sich in ihrem örtlichen Dialekt miteinander unterhalten. Wer in der Nähe von Quesné Bay (St-Brelade) ist, sollte die urigen Pubs *The Smuggler* und *Old Portelet Inn* besuchen. *Moulin de Lercq* ist eine alte Wassermühle am Strand von Grève de Lercq, die zu einem gemütlichen Pub umgebaut wurde. Hier kann man auch ausgezeichnet zu Mittag essen.

Battle of Flowers

Jedes Jahr am zweiten Dienstag im August steht Jersey im Zeichen des großen Blumenfestes ,,Battle of Flowers". Riesige Wagen, die mit Blumen bedeckt sind und auf denen sich oft ein Aufbau aus Papier befindet, fahren dann über die Victoria Avenue bei St-Aubin's Bay.
Alle Gemeinden, Vereine und andere Gruppen dekorieren ihren eigenen Wagen für den Umzug. Die Vorbereitungen dauern nicht selten ein ganzes Jahr. Aber die Blumen werden erst in der Nacht vor dem großen Umzug in aller Eile auf dem Wagen befestigt. Sie sind dann mit

ihrer frischen Blumenpracht ein wirklich farbenfroher Anblick. Die schönsten Wagen bekommen am Ende des Tages einen Preis. Jedes Jahr wird aus der Bevölkerung Jerseys auch eine Blumenkönigin, die „Miss Jersey Battle of Flowers", gewählt. Sie führt den Umzug zusammen mit „Mr. Battle of Flowers" an, der meistens ein Film- oder Fernsehstar ist. Am Abend findet die „Evening Parade" statt, wobei die Wagen romantisch beleuchtet sind. Am Ende der einwöchigen Battle of Flowers gibt es einen Jahrmarkt in St-Helier.

Zum ersten Mal wurde die Parade im Jahre 1902 zu Ehren der Krönung von König Edward VII. und Königin Alexandra veranstaltet. In den ersten 60 Jahren gab es nicht nur einen Umzug und einen Wettstreit, sondern auch eine richtige Blumenschlacht. Diese „Battle" begann nach dem Umzug und wurde durch einen Pistolenschuß eröffnet. Die Blumen wurden von den Wagen gerissen und ins Publikum geworfen. Die Zuschauer warfen die Blumen wieder zurück auf die Wagen, und so entstand eine Blumenschlacht, die wenig von den Wagen übrigließ. In den 60er Jahren feierten die Leute dermaßen wild, daß die Blumenschlacht abgeschafft wurde. Seitdem geht das Festival mit einem Feuerwerk zu Ende.

Wer an der Battle of Flowers teilnehmen möchte, muß eine Eintrittskarte kaufen. Die Karten sind bei der Meadow Bank, St-Lawrence, Tel. 3 01 78, erhältlich und kosten zwischen £3 und £13.

Wer keine Gelegenheit hat, die Battle of Flowers zu besuchen, kann ins **Battle of Flowers Museum** gehen (La Robeline, Mont des Corvées, St-Quen). Hier werden Rekonstruktionen der schönsten Blumenwagen aus der Geschichte des Umzuges ausgestellt.

Corbière Point

Corbière Point ist ein schönes Kap an der Südwestküste Jerseys, das weit ins Meer ragt. Am schönsten und friedlichsten ist es hier im Sommer beim Sonnenuntergang. Die Aussicht auf die St-Quen's Bay mit den vielen Felsspitzen, die aus dem Meer aufragen, ist sehr eindrucksvoll. Der Leuchtturm, **Corbière Lighthouse,** stammt aus dem Jahre 1873 und war der erste Leuchtturm, der auf den britischen Inseln errichtet wurde. Der Felsen, auf dem der Leuchtturm steht, ist bei Ebbe zu Fuß zu erreichen. Es ist allerdings wichtig, genau zu wissen, wann die Flut kommt, da der Pfad dann sehr schnell vom Wasser überspühlt wird. Der andere Turm auf der Landzunge wurde von Zwangsarbeitern gebaut und wird nun als Radiomast für den Seefunk benutzt.

Eric Young Orchid Foundation

Die Eric Young Orchid Foundation besitzt fünf Treibhäuser, in denen Orchideen gezüchtet werden. Im dortigen Garten kommen die prächtigen Farben der Blumen am besten zur Geltung. Die Orchid Foundation befindet sich bei Victoria Village in St-Saviour.

St-Peter Port, die Hauptstadt Guernseys: malerisch und geruhsam

Essen und Trinken

Jersey hat eine gute, abwechslungsreiche Küche mit einigen Spezialitäten, die man auf jeden Fall probieren sollte.

Die *Conger Soup* (im Jersey-Dialekt *D'la Soupe d'Andgulle*) ist eine kräftige Meeraalsuppe mit Kräutern und Gewürzen. *Bean Krook* („krock" ausgesprochen) ist ein Eintopf; Schweinepfoten werden stundenlang mit fünf verschiedenen Sorten Bohnen gekocht. Für einen *Ormers Stew* läßt man die ohrförmigen, einschaligen Muscheln fünf bis sechs Stunden kochen; sonst sind die Ormer nicht zu genießen.

Eine alte Spezialität ist *Black Butter*. Noch zu Beginn dieses Jahrhunderts gab es Black Butter Nights (im Jersey-Dialekt „Séthée d'Nièr Beurre"). Einmal im Jahr nach der Apfelernte produzierten die Bewohner. Erst goß man Apfelwein in einen riesigen Topf, dann wurden 20 Kisten (350 kg) Äpfel nach und nach hinzugefügt. Das Kochen dauerte eine Nacht und einen Tag. Um das Anbrennen zu verhindern, mußte ständig gut gerührt werden, wobei die Nachbarn einander abwechselten. So wurde das Zubereiten von Black Butter ein gesellschaftliches Ereignis, zu dem auch Freunde und Bekannte kamen, um etwas zu trinken. Erst am Mittag des zweiten Tages wurde alles im Ofen gebacken. Wenn die Black Butter fertig war, wurde sie in Stücke geteilt, und die Einwohner aßen noch das ganze Jahr davon. Nach der folgenden Apfelernte begann die Zeremonie aufs neue. In Grouville und in St-Quen wird Black Butter übrigens nach unterschiedlichen Rezepten zubereitet.

→*Restaurants*

L'Etacq Woodcrafts

In diesem Atelier in L'Etacq an der Westküste Jerseys gibt es eine interessante Ausstellung über die Geschichte des Landstriches und über verschiedene Arten der Holzverarbeitung. Mehrere Handwerker kann man bei der Arbeit beobachten. Außergewöhnlich sind die Gegenstände, die aus dem verholzten Strunk eines riesigen Kohls, dem „Jersey Cabbage" (Brassica oleracae longata), gemacht werden. In der Galerie beim Café werden allerlei Andenken verkauft; zum Beispiel Holzarbeiten, Wollsachen, Töpferwaren und Saat vom Jersey Cabbage.

Fahrradvermietungen

Der Mietpreis für ein Fahrrad beträgt ungefähr £3 pro Tag. Neben normalen Fahrrädern sind auch Rennfahrräder und Mountainbikes zu mieten.
Einige Adressen sind:
Dolphin Travel, Gloucester Street, St-Helier, Tel. 2 77 27.
Hireride, St-John's Road, St-Helier, Tel. 3 15 05.
Kingslea Cycle Hire, Esplanade, St-Helier, Tel. 2 47 77.
The Hire Shop, St-Aubin's Road, Millbrook, Tel. 7 36 99.

Fantastic Tropical Gardens

Diese Gärten im schönen St-Peter's Valley sind eine Attraktion für die ganze Familie. Es gibt viele Springbrunnen und Beete mit exotischen Blumen, und die Besucher lernen verschiedene Tiere und Pflanzen kennen. Kinder können auf afrikanischen Trommeln spielen und eine Nachbildung der Afrika Queen im See besichtigen. Außerdem sind hier noch prähistorische Monster und eine mehr als drei Meter hohe Buddhastatue zu sehen. Im mexikanischen Teil des Gartens gibt es für die Kinder ein Baumhaus, eine Rutschbahn, Schaukeln und zahme Esel. Im Park finden sich auch ein Echobrunnen, ein Souvenir- und Süßwarengeschäft sowie ein Restaurant und ein Patiocafé.

Folklore und Festivals

Jedes Frühjahr findet das *Festival France/Jersey* statt, auf dem Straßentheater und Musik aus Frankreich und Jersey geboten werden. Im Mai kommen Feinschmecker beim *Good Food Festival* auf ihre Kosten. überall auf der Insel demonstrieren dann Chefköche ihre Kochkunst. Im Juni findet der *Jersey Fair*, ein folkloristischer Jahrmarkt, statt. In den Straßen Jerseys sind Kultur und althergebrachtes Handwerk zu sehen und Musik zu hören. Während der *Floral Island Week* stehen Blumen im Mittelpunkt. Im September findet die *Battle of Britain Display* statt, auf der eine eindrucksvolle Flugshow mit alten und neuen Flugzeugen geboten wird.

Die meisten Festivals finden jedes Jahr zu einem anderen Zeitpunkt statt. Auskünfte über die exakten Termine erhält man bei der Tourist Information.

German Underground Hospital

Das German Underground Hospital ist ein unterirdisches Krankenhaus, das im Zweiten Weltkrieg von Zwangsarbeitern in die Felsen gehauen wurde. Im Krankenhaus ist ein Museum zur Erinnerung an die deutsche Besatzung eingerichtet worden. Die Kanalinseln waren das einzige britische Gebiet, das im Zweiten Weltkrieg von den Deutschen besetzt war, und darum kommen hauptsächlich englische Touristen, um sich ein Bild vom Leben unter deutscher Herrschaft machen zu können. Den Besuchern des Museums wird in einer nachgestellten Szene gezeigt, wie die Zwangsarbeiter die Gänge in die Granitfelsen hauen mußten. Der Mittelgang ist ungefähr 106 m lang und befindet sich 33,5 m unter der Erdoberfläche. Auch den Operationssaal, einen Aufenthaltsraum für Ärzte und ein Kommunikationszentrum hat man nachgebaut. Die Besucher erfahren etwas vom Leben im Krankenhaus, hören aber auch Geschichten von Insulanern, die sich an diese Zeit erinnern. So sind zum Beispiel Fotos von winzigen Segelbooten zu sehen, in denen manche Einwohner nach England flüchten konnten. Am Eingang des Museums werden Briefe von Jerseymen gezeigt, die 1942 deportiert wurden. Die Deutschen wollten damit deutsche Kriegsgefangene im Irak rächen. Damals wurden 2000 Menschen deportiert. In den Briefen wird die Haltung der anderen Insulaner angeprangert, die zu wenig unternommen haben sollen, um die Deportation zu verhindern.

Glass Church →*St-Matthew's Church*

Gorey und Mont Orgueil Castle

Gorey hat einen gemütlichen kleinen Hafen mit Geschäften, Pubs und einer schönen Aussicht über die Bay of Grouville. Bei Ebbe ist der Ha-

Jersey / Gorey und Mont Orgueil Castle

fen trocken. Das Leben in Gorey spielt sich in der Umgebung des Hafens ab. Der landeinwärts gelegene Teil des Dorfes ist ausgesprochen ruhig. Einen Besuch bei der *Jersey Pottery* (→dort) sollte man nicht versäumen.

Nördlich von Gorey liegt **Jeffrey's Leap**. Im Mittelalter wurden Verbrecher gezwungen, an dieser Stelle ins Wasser zu springen. Das passierte auch einem gewissen Jeffrey; er sprang von der Klippe und stieg, wie durch ein Wunder, springlebendig wieder aus dem Wasser. Er soll danach aus Übermut noch einmal gesprungen sein. Den zweiten Sprung überlebte er allerdings nicht.

Mont Orgueil Castle

Hoch auf den Felsen über dem Dorf und dem Hafen steht das Mont Orgueil Castle. Vom Hafen aus ist das Schloß zu Fuß zu erreichen. Wer mit dem Auto fahren will, muß einen kleinen Umweg in Kauf nehmen. Vom Schloß aus hat man eine herrliche Aussicht über den Hafen.

Das Schloß wurde im 13. Jahrhundert erbaut, als die Normandie stärker durch Frankreich beeinflußt wurde und die Kanalinseln mehr und mehr von England beherrscht wurden. Dadurch gewannen die Inseln an strategischer Bedeutung, was dazu führte, daß Festungen wie Mont Orgueil Castle gebaut wurde. Daß die Burg gerade an dieser Stelle gebaut wurde, lag mit Sicherheit auch an den vielen Klippen vor der Küste und den hohen Felswänden, die einen ausgezeichneten natürlichen Schutz gegen Angreifer boten.

Mont Orgueil Castle scheint zur Hälfte in der Felswand zu liegen. Die äußeren Teile der Anlage wurden zuletzt gebaut. Die Burg mußte vergrößert werden, weil nach der Erfindung der Kanone komplizierte Verteidigungssysteme erforderlich wurden. Je tiefer man in die Burg eindringt, desto älter werden die Mauern, und auch die Türen werden immer schmaler. Zu den ältesten Teilen der Burg gehört die Krypta der St-Mary's-Chapel, die aus dem 13. Jahrhundert stammt. Diese Krypta ähnelt auffallend der Krypta von Samarès Manor (→dort). Ein 30 m tiefer Brunnen versorgte die Bewohner des Schlosses mit Trinkwasser. Die Mauern der Burg sind in erstaunlich gutem Zustand, doch von der Inneneinrichtung ist wenig erhalten geblieben. In den Innenräumen liegen hier und da große Kanonenkugeln. Über einige Gänge und Treppen erreicht man den höchsten Punkt des Schlosses mit guter Rundumsicht.

Wer im Mittelalter Mont Orgueil Castle besaß, hatte ganz Jersey in der Hand, und darum wurde auch häufig um das Schloß gekämpft. Im Jahre 1373 griffen die französischen Truppen unter der Leitung von Bertrand Du Guesclin Jersey an. Grosnez Castle (→ dort) wurde schnell erobert, doch Mont Orgueil Castle wurde tapfer von William Asthorp verteidigt, der übrigens nur über 20 Männer verfügte. Selbst als Asthorp sich in den Turm im Inneren der Festung, den Keep, zurückziehen mußte, waren die Franzosen nicht imstande, die dicken Burgmauern zu überwinden. Du Guesclin verabredete mit Asthorp, daß Mont Orgueil Castle in französische Hände fallen sollte, wenn die englische Flotte nicht innerhalb von zwei Monaten auf Jersey ankommen würde. Die Flotte erschien allerdings pünktlich, und die Franzosen mußten fliehen.

Bis zum Jahre 1600 war Mont Orgueil Castle das Regierungszentrum Jerseys. Der Vertreter der englischen Krone, der Gouverneur, residierte hier. In Notzeiten verschanzten sich die Inselbewohner in der Burg. Eine interessante Figur aus der Geschichte des Schlosses ist Philippe d'Auvergne, der während der Französischen Revolution auf das Schloß flüchtete. Er führte eine Bewegung an, die unter dem Namen „La Correspondance" bekannt war. Philippe d'Auvergne erhob Anspruch auf Gebiete in Frankreich und den Niederlanden. Er hoffte, diese Gebiete mit Hilfe des geflüchteten französischen Adels in seinen Besitz zu bringen. Er besaß eine eigene kleine Armee und schmuggelte Waffen nach Frankreich, aber sein Ziel hat er niemals erreicht.

Solche Anekdoten werden im Schloß durch eine Wachsfigurenkabinett veranschaulicht. Mont Orgueil Castle ist von Ostern bis Ende Oktober zwischen 9 und 17 Uhr geöffnet, Tel. 5 32 92.

Grosnez Castle

Im äußersten Südwesten von Jersey befindet sich die Ruine von Grosnez Castle. Über die Festung ist nur wenig bekannt. Sie wurde wahrscheinlich im 14. Jahrhundert erbaut, bald darauf von den Franzosen zerstört und seitdem nie wieder aufgebaut. Schon auf einer Karte aus dem 16. Jahrhundert wird Grosnez Castle als Ruine abgebildet. Noch heute sind hier die Reste von zwei Meter dicken Granitmauern zu sehen. In der Nähe der Ruine steht der Leuchtturm von Grosnez Point, der über einen schmalen Pfad zu erreichen ist. Bei klarem Wetter kann man von hier aus die anderen Kanalinseln sehen.

La Hougue Bie

La Hougue Bie ist eine besonders interessante archäologische Ausgrabungsstätte, die noch immer erforscht wird. Der Hügel, der unnatürlich aus der flachen Landschaft aufragt, befindet sich schon seit Menschengedenken auf Jersey. Die Spitze des Hügels ist der höchste Punkt auf Jersey, und bei schönem Wetter ist von hier aus Frankreich zu sehen. Früher wurde die folgende Geschichte über den Hügel erzählt: Vor vielen Jahren lebte ein Drache auf Jersey, der die Insel bedrohte. Ein normannischer Ritter beschloß, den Drachen zu bezwingen. Er kam auf die Insel und tötete ihn. Nach dieser Tat wurde der Drachentöter von einem Diener hinterrücks ermordet. Der Meuchelmörder erzählte der Frau des Ritters in Frankreich, daß er den Drachen getötet habe. Er erbte daraufhin den gesamten Besitz des Ritters und heiratete dessen Frau. Der Schurke verriet sich aber, als er im Schlaf redete. Er mußte für seine Missetaten büßen und wurde hingerichtet. Auf Geheiß der einsamen Witwe wurde beim Grab des Ritters eine Kapelle auf einem hohen Hügel erbaut, damit diese von Frankreich aus die Ruhestätte sehen konnte. Soviel zur Legende. Im Jahre 1924 entdeckte man, daß der Hügel ein Bauwerk aus dem Neolithikum verbarg. Wahrscheinlich handelt es sich um ein Grab oder Heiligtum aus dem Jahr 4000 v. Chr. Da es in der Bretagne ähnliche Bauwerke gibt und einige der unter dem Hügel gefundenen Gegenstände aus der Bretagne und sogar aus den Alpen stammen, nimmt man an, daß es einen kulturellen Austausch gab.
La Hougue Bie wurde aus riesigen Felsbrocken erbaut, die von der ganzen Insel herbeigeschafft wurden. Das Ganze wird von Sand und Steinen bedeckt, und so ist der Hügel entstanden.
Durch einen sehr langen Eingangbereich kommt man in einen schmalen Gang mit vielen Kurven, der zu einem höher gelegenen Teil führt,

in dem man aufrecht stehen kann. Dort befinden sich, ganz am Ende des Ganges, zwei Seitenräume und ein abgeschirmter Raum. Der hintere Raum war wahrscheinlich das Allerheiligste von La Hougue Bie. Man geht davon aus, daß das Heiligtum nur als Ruhestätte für die bedeutendsten Menschen bestimmt war. Während der Ausgrabungen hat man Knochenreste von acht Menschen und zwei Urnen gefunden. Vor kurzem hat man entdeckt, daß unter dem Hügel noch ein zweites Grab verborgen ist, das nun auch erforscht wird. Die Ausgrabungen sind schwierig, weil das riesige Steingebäude nicht einstürzen darf. Wahrscheinlich war der Hügel früher mit treppenförmig angeordneten Steinen bedeckt. Man versucht, diese Anordnung zu rekonstruieren.

Im Mittelalter hielt in La Hougue Bie das Christentum seinen Einzug, und es wurden zwei **Kapellen** erbaut. Die älteste Kapelle, die Notre-Dame de la Clarté, soll zum Gedenken an den Seigneur de Hambye erbaut worden sein und wurde am Anfang des 16. Jahrhunderts vom Dekan von Jersey, Richard Mabon, aus Dankbarkeit für dessen Rückkehr von einer Pilgerfahrt nach Jerusalem restauriert. Auf seinen Befehl wurde auch die zweite Kapelle gebaut, die den treffenden Namen Jerusalem-Kapelle erhielt. Eine niedrige Tür führt zur Krypta der Kapelle, wo eine Kopie des Grabes Jesu zu besichtigen ist. Die Marienstatue soll den Pilgern, die hier ein Opfer niederlegen, Segen bringen. Die Kapelle wird für Hochzeiten benutzt, und jedes Jahr im Juni findet hier auch eine Prozession statt.

Im Jahre 1759 kaufte James d'Auvergne beide Kapellen. Er ließ die Inneneinrichtung verändern und einen Turm bauen, den Tour d'Auvergne. In der zweiten Kapelle sind Deckengemälde aus dem 16. Jahrhundert zu sehen. Im dortigen **Museum** werden archäologische Ausgrabungen ausgestellt; zum Beispiel der Schädel eines Rhinozerosses und die Pfeile, mit denen das Tier erlegt wurde, Bronze- und Eisenwerkzeuge, goldener Schmuck und Münzen. Im Schuppen neben dem Museum stehen allerlei Handwerkzeuge, hauptsächlich aus dem letzten Jahrhundert.

La Hougue Bie ist von März bis Ende Oktober von Dienstag bis Sonnabend zwischen 10 und 17 Uhr geöffnet, Tel. 5 38 23.

Jeffrey's Leap →Gorey

Jersey Pottery

Etwas außerhalb van Gorey liegt die Jersey Pottery, wo die bekannte Jersey-Töpferwaren hergestellt werden. Die Töpfer aus Jersey verwenden keine Töpferscheibe, sondern Gußformen. Erst werden diese Formen aus Holz angefertigt, dann wird der Ton hineingegossen. Danach bekommt der Gegenstand den letzten Schliff, wird bemalt und glasiert. Die Besucher können die Töpfer und andere Handwerker bei der Arbeit beobachten und Fragen stellen. Die Töpferwaren werden hier natürlich auch verkauft. Die Jersey Pottery ist bekannt für die ausgezeichneten Lunches, die im Restaurant zu Preisen zwischen £10 und £17 serviert werden.

Kempt Tower

Der Kempt Tower ist ein Verteidigungsturm in St-Quen's Bay. Er stammt aus dem Jahre 1735 und ist einer der vielen „Martello-Türme", die zwischen 1778 und 1835 zur Verteidigung gegen die Franzosen errichtet wurden.

Im **Keller** ist der Querschnitt des Turmes zu sehen. Das Bauwerk wurde nach Sir James Kempt benannt, der seinerzeit einen hohen Posten in der englischen Armee innehatte. Der Turm war von 30 Soldaten und einem Offizier besetzt. Es erwies sich, daß das Gebäude wegen der hohen Feuchtigkeit nicht als ständiger Wohnsitz geeignet war. Noch jetzt sind die weißen Flecken an den Mauern zu sehen. Die Innenwände müssen regelmäßig gereinigt werden, da das Salz sonst von den Wänden „schneit".

Im Kempt-Tower wird erklärt, wie der Name „Martello-Turm" entstanden ist. *Martello-Türme* waren den französischen Türmen nachgebaut, die den britischen Angriffen bei Mortello Point standgehalten hatten.

Der kleine Strand Beau Port an der Südküste ▶

Diese ursprünglich französischen Türme wurden nun also gegen die Franzosen eingesetzt.

Im Erdgeschoß ist ein **Interpretation Center** eingerichtet, das viele Informationen über die Flora und Fauna der Dünenlandschaft bei St-Quen's Bay gibt. Das Gebiet hinter den Stränden von St-Quen wurde früher als Schuttplatz benutzt. Nun ist hier ein Naturschutzgebiet mit dem Namen **Les Mielles** entstanden. Autos dürfen zwar ungehindert durch dieses Gebiet fahren, und es wird auch noch immer Sand abgegraben, aber man hat mit dem Naturschutz auf jeden Fall einen Anfang gemacht. Im Sommer werden donnerstags *Nature Walks* (Naturwanderungen) vom Zentrum aus organisiert. Im empfindlichen Dünengebiet von Les Mielles wachsen seltene Pflanzen, und am St-Quen's Pond, einem kleinen See, leben seltene Vogelarten. Die Betonwälle, die noch von den deutschen Besatzern als Schutz gegen Panzer angelegt wurden, verhindern nun, daß die Sandstrände vom Meer weggespült werden.

Kempt Tower ist im Sommer täglich von 14 bis 17 Uhr und im Mai und Oktober nur sonntags und donnerstags geöffnet, Tel. 8 36 51.

La Mare Vineyards

Die einzigen Weinberge Jerseys befinden sich in St-Mary.
Hier werden Weißweine hergestellt. Die Produktion schwankt zwischen 100 Flaschen in einem schlechten und 10000 Flaschen in einem guten Jahr. In St-Mary werden auch verschiedene Cidersorten hergestellt, zum Beispiel Grapple, eine Mischung aus vergorenem Apfel- und Grapefruitsaft. Im Bauernhof mit seinen Granitmauern hat man einen Tearoom eingerichtet, in dem noch eine alte, sehr gut erhaltene Ciderpresse zu sehen ist. Im kleinen Geschäft von La Mare Vineyards werden hausgemachte Weine, Cider, Marmeladen und Senf verkauft.

La Haute Tombette

In der Nähe von La Mare Vineyards befindet sich die *Butterfly Farm* von La Haute Tombette, wo man zahlreiche Schmetterlingsarten besichtigen kann. Die farbenfrohen, exotischen Schmetterlinge fliegen in großen Treibhäusern frei umher. Sie landen gerne auf den Armen und Köpfen der Besucher. In den Treibhäusern werden auch Nelken gezüchtet.

Mont Orgueil Castle →*Gorey*

Morel Farm

In der ländlichen Umgebung von St-Lawrence mit ihren vielen schmalen Wegen liegt einer der bekanntesten Bauernhöfe Jerseys, die Morel Farm. Das alte Gebäude stammt aus dem 18. Jahrhundert und steht heute unter Denkmalschutz, dem „National Trust of Jersey". Vor allem auf das prächtige Doppeltor achten, das der Inschrift zufolge teilweise aus dem 17. Jahrhundert stammt.
Der Eigentümer des Hofes, Mr. Poindester, zeigt den Besuchern gerne sein Anwesen. Besonders interessant ist die alte Cidermühle, in der im Herbst die Äpfel für den Cider zerkleinert werden. Der Mühlstein wird durch ein Pferd bewegt. Die gemahlenen Äpfel kommen in eine Presse, die auch auf dem Hof zu besichtigen ist. Nach dem Pressen muß der Cider in Fässern heranreifen. Außerdem gibt es auf dem Hof ein paar Jersey-Kühe, Kälber und Ziegen. Die Milch ist für den Eigenverbrauch des Bauern bestimmt. Der Rest wird an die drei Schweine verfüttert.

Motor Museum

In diesem Museum sind viele Oldtimer und andere klassische Fahrzeuge zu bewundern. Es gibt unter anderem Rolls Royces und Bentleys. Außerdem werden Miniaturautos und alte Motorräder ausgestellt. Das Museum befindet sich neben St-Peter's Bunker (→dort).

Motorrad-, Scooter- und Mofavermietungen

Mofas, Scooter und Motorräder werden vermietet bei:
Kingslea Cycle Hire, Esplanade St-Helier, Tel. 2 47 77.

Ein Mofa kostet ungefähr £7 pro Tag und £35 pro Woche. Motorräder werden ab £9 pro Tag und £42 pro Woche vermietet.

Moulin de Lecq

Diese alte Wassermühle, die auch Le Lecq Mill genannt wird, steht in der Nähe des Strandes von Grève de Lecq an der Nordküste Jerseys. Die Mühle stammt aus dem 14. Jahrhundert, das Räderwerk sogar aus dem 12. Jahrhundert. Die Moulin de Lecq wurde im Jahre 1929 zum letzten Mal benutzt, doch die Räder sind noch immer betriebsfähig. In der Mühle ist nun ein Pub eingerichtet, in dem auch Lunch serviert wird.

Moulin de Quétivel

Wer von St-Aubin's Bay in nördlicher Richtung durch das landschaftlich außerordentlich schöne St-Peter's Valley fährt, kommt auf dem Weg an fünf Mühlen vorbei. Es handelt sich um die Mühlen von Tesson, Quétivel, Cargate, La Hague und Gigoulande. Le Moulin de Quétivel ist die einzige Mühle im Tal, die noch funktioniert. Sie wurde im 18. Jahrhundert an einer Stelle gebaut, an der schon im 14. Jahrhundert eine Mühle gestanden hatte. Im 18. Jahrhundert gab es übrigens auf Jersey noch insgesamt 45 Mühlen. Le Moulin de Quétivel wurde ausschließlich als Kornmühle benutzt. Gegen Ende des vorigen Jahrhunderts verfiel die Mühle. Doch als es während Zweiten Weltkrieges zuwenig Lebensmittel gab, wurde sie wieder in Betrieb genommen. Inzwischen wurde sie prächtig restauriert.

Wer draußen steht, sieht, wie sich das Rad im Bach dreht, und drinnen ist zu sehen, wie der Mechanismus arbeitet. Der Müller schüttet das Getreide auf der zweiten Etage in einen Bottich. Von dort rutscht das Korn in die erste Etage, in der es zwischen den Mühlsteinen zermahlen wird und als Mehl im Erdgeschoß ankommt.

Die Mühle ist dienstags, mittwochs und donnerstags von 10 bis 16 Uhr geöffnet.

Nurseries and Butterfly Farm →*La Mare Vineyards/La Haute Tombette*

Polizei

Jersey hat eine außergewöhnliche Polizeiorganisation. Die normale Berufspolizei hat ihr Hauptbüro in St-Helier. Außerdem hat jede Pfarrgemeinde ihre eigene freiwillige Polizei. Diese „Honorary Police" besteht aus einem führenden „Constable" und dessen Stellvertreter, dem „Centenier". Sie tragen keine Uniform, dürfen aber verdächtige Personen verhaften. Dieses System wurde auf Guernsey schon im Jahre 1919 abgeschafft, doch auf Jersey besteht es immer noch.

Früher war die Honorary Police viel größer und mächtiger als die Berufspolizei. Das änderte sich in den 60er Jahren, als ein Sexualverbrecher mit dem Beinamen „Beast of Jersey" die Insel unsicher machte. Er wurde elf Jahre lang nicht gefaßt, weil die Honorary Police und die Staatspolizei so schlecht zusammenarbeiteten. Daß man ihn schließlich doch verhaften konnte, war eigentlich mehr einem glücklichen Zufall zu verdanken als gut geführten Ermittlungen. Dieser Fall führte dazu, daß die Berufspolizei mehr Macht bekam und die Honorary Police nur noch kleinere Fälle übernehmen durfte.

→*Allgemeine Informationen*

Quétivel Mill →*Moulin de Quétivel*

Le Rats Cottage

Dieses 400 Jahre alte Häuschen steht in St-Laurence in der Nähe von Carrefour Selous. Es ist typisch für den traditionellen Baustil im Inselinnern Jerseys. Die Granitmauern sind 75 cm dick, und die Fugen bestehen aus Lehm. Deshalb ist das Haus beinahe unverwüstlich. Als vor einigen Jahren ein dicker Baum auf das Dach fiel, blieben die Mauern unversehrt stehen.

Le Rats Cottage wird schon seit mehr als 50 Jahren von der Familie Allinet bewohnt. Die Inneneinrichtung des Häuschens kann nicht besichtigt werden. Die Toilette befindet sich noch draußen, aber es gibt schon ein Badezimmer im Haus. In die Mauer des Wohnzimmers ist ein alter Jersey-Ofen eingelassen, in dem früher Brot gebacken wurde. Die Familie baut ihr eigenes Gemüse im Garten an.

Restaurants

In Jersey gibt es viele gute Restaurants. Ausführliche Informationen erhält man bei der Tourist Information in St-Helier. In diesem Buch werden einige Restaurants unterschiedlicher Preisklassen besprochen. Die Preise sind Richtpreise für eine Mahlzeit à la Carte mit einem Glas Wein. Diese Restaurants servieren auch Lunch. Ein mittäglicher Lunch ist meistens viel preiswerter als ein abendliches Dinner.

Longueville Manor, Longueville Road, St-Saviour, Tel. 2 55 01. Ein stilvolles Restaurant, das in einem Landhaus aus dem 13. Jahrhundert untergebracht ist. Ein heißer Tip für echte Feinschmecker. Gerichte ab £25.

Victoria's Restaurant, Esplanade, St-Helier, Tel. 2 23 01. Ein luxuriöses Restaurant mit traditioneller Einrichtung und Aussicht über die St-Aubin's Bay. Gerichte ab £25.

Bistro Frere de Borsalino, Gorselands, Rozel, St-Martin, Tel. 6 10 00. Ein Qualitätsrestaurant. Gerichte ab £20.

Candlelight Grill, Hotel Revere, Kensington Place, St-Helier, Tel. 3 87 73. Dieses Restaurant ist ganz im englischen Stil mit viel Holz eingerichtet. Die Küche ist ausgezeichnet, und es herrscht immer viel Betrieb. Gerichte ab £20.

Borsalino Rocque Restaurant, La Rocque, Grand Route des Sablons, Grouville, Tel. 5 21 11. Sehr schöne Lage mit Aussicht übers Meer. Auch vegetarische Mahlzeiten. Gerichte ab £20.

Old Court House Inn, St-Aubin, St-Brelade, Tel. 4 64 33. Diese kleine Herberge war der Drehort für die Fernsehserie „Bergerac". Ausgezeichnete Fischgerichte und freundliche Bedienung. Gerichte ab £20.

La Campannina, Halkett Place 67, St-Helier, Tel. 3 46 02. Ein italienisches Restaurant mit hervorragender Weinkarte. Gerichte ab £20.

Apple Cottage, Rozel Bay, St-Martin, Tel. 6 10 02. Dieses Restaurant ist in einem traditionellen Granithaus untergebracht und sehr schön an

der Rozel Bay gelegen. Spezialität des Hauses ist Fisch. Gerichte ab £15.
Isola Bella Restaurante, First Tower, St-Aubin (St-Helier), Tel. 7 17 44. Ein gemütliches Restaurant der Mittelklasse, das im Bistrostil eingerichtet ist. Gerichte ab £10.
Mino's, Bath Street 66, St-Helier, Tel. 3 73 97. Dieses kleine Restaurant sieht von außen nicht besonders attraktiv aus, doch das Essen ist lekker. Gerichte ab £10.
Drive Inn Bar-B-Q Center, Gorey Coast Road, St-Martin. In diesem Familienrestaurant kann man grillen, während die Kinder draußen spielen. Gerichte ab £10.
Janvrin's Farm Restaurant, Portelet Bay, St-Brelade, Tel. 4 27 91. Hier kann man romantisch am Kamin oder draußen auf der Terrasse bei Sonnenuntergang mit Blick aufs Meer speisen. Gerichte ab £10.
Trattoria Centrale, Don Street 9-11, St-Helier, Tel. 7 69 93. Italienische und französische Küche mit Gerichten ab £10.
Old Smugglers Inn, Ouesné Bay, St-Brelade, Tel. 4 15 10. Eine urige Herberge; gutes Bier. Gerichte ab £5.
Albert J. Ramsbottoms, Halkett Place 99, St-Helier, Tel. 7 87 72. Ein einfaches Restaurant mit Gerichten ab £5.
The Carvery, Les Charreries Hotel, St-Peter, Tel. 8 39 68. Dieses Restaurant ist vor allem bei der einheimischen Bevölkerung beliebt. Gerichte ab £5.
Old Portelet Inn, Portelet, St-Brelade, Tel. 4 18 99. Dieses Lokal liegt an der Portelet Bay. Gerichte ab £5.
Grouville Taverne, Grouville, Tel. 5 74 38. Gerichte ab £5.
Victoria Pub, St-Peter's Valley, St-Peter, Tel. 8 54 98. Gerichte ab £5.
British Union Hotel, St-Lawrence, Tel. 6 10 70. Ein gemütliches Lokal in traditionellem Stil. Gerichte bis zu £5.

Lunch
Jersey Pottery Restaurant, Gorey Village, Grouville, Tel. 5 11 19. Das Lunchrestaurant mit dem besten Ruf auf Jersey. Gerichte ab £10.
Lido's Champagne and Wine Bar, 4-6 Market Street, St-Helier, Tel. 2 23 58. Ein stilvolles Lokal im Zentrum von St-Helier. Gerichte ab £10.
Samarès Manor, Samarès Road, St-Clement, Tel. 2 19 83. Das Restaurant und der Teagarden gehören zum Landhaus. Typische Jersey-

Gerichte, wie zum Beispiel Bean Krook und Conger Soup, stehen hier auf der Speisekarte. Gerichte ab £5.

Retreat Farm

In der Retreat Farm an der Grenze zwischen St-Mary und St-Lawrence werden in drei riesigen Treibhäusern mit Hilfe von Computern Nelken gezüchtet. Die Besucher können die Gewächshäuser besichtigen. Die Blumen werden unter dem Namen „Flying Flowers" in teuren Dosen in die ganze Welt verschickt, nach Amerika, Neuseeland, Australien und England. Die Maschinen und die Technik kommen aus den Niederlanden. Neben den Treibhäusern befindet sich ein großer Teich, aus dem Wasser für die Blumen gepumpt wird. In und bei diesem Wasserreservoir leben seltene Entenarten, Schwäne und sogar Flamingos.

La Rocque Harbour

Vor der Südostküste Jerseys liegen natürlich entstandene Austernbänke. Bei Ebbe kann man sie sehen und sogar zu Fuß erreichen. Die in der Nähe wohnenden Einwohner Jerseys suchen bei Ebbe Austern und kehren oft mit vollen Wagen zurück.

Samarès Manor

Das Landhaus Samarès Manor steht in St-Clement, östlich von St-Helier. Hier wohnt der „Seigneur", der Großgrundbsitzer, der früher viel Land, Macht und viele Privilegien auf der Insel besaß. Der Seigneur sprach Recht über seine Untertanen im „Feudal Court" und durfte Steuern eintreiben. Diese Privilegien sind inzwischen beschnitten worden.
Vom 12. bis zum 14. Jahrhundert wohnte die Familie St-Hilaire im Samarès Manor. Später wechselten die Eigentümer ständig. Die Familie Dumaresq hatte hier ihren Wohnsitz von 1580 bis 1734. Während des Bürgerkrieges (→*Geschichte*) schlug sich Henri Dumaresq auf die Seite des Parlaments. Das kam ihn teuer zu stehen; sein Haus wurde beschlagnahmt und als Flüchtlingsheim benutzt. Jetzt wird Samarès Manor

von Lady Obbard, Dame de Samarès, bewohnt. Eine portugiesische Familie mit zwei Kindern wohnt bei der alten Dame, um sie zu versorgen. Vincent Obbard, der Sohn der Lady und zukünftige Seigneur, leitet den Bauernhof, den Garten und den Teil des Landhauses, der für Besucher geöffnet ist. Die Ländereien um den Hof wurden an Bauern verpachtet. Ein Teil des Landhauses kann mit einer Führung besichtigt werden. Die Führungen beginnen um 10.30, 11.15 und 12 Uhr. Sonntags ist Samarès Manor geschlossen. Zu sehen sind die Eingangshalle, das Eßzimmer und die Wohnstube. Die Inneneinrichtung wurde 1933 vollständig erneuert. Der älteste Teil des Hauses ist die Krypta, die den Krypten von Mont Orgueil Castle in Gorey sehr ähnlich sieht.

Im Mittelalter hatte nur der Seigneur das Recht, Tauben zu halten. Der *Colombier* oder Taubenschlag des Landhauses stammt aus dem 11. Jahrhundert. In den Mauern befanden sich mehr als 500 Brutplätze. Jetzt wird der Taubenschlag nicht mehr benutzt. Neben dem Landhaus befindet sich der Bauernhof. Mitten auf dem Hof steht eine Jersey-Cow und ein „Applecrusher", in dem Äpfel gemahlen wurden. Die Ziegen werden jeden Tag um 16 Uhr gemolken. Aus der Milch wird Käse hergestellt. Die Schafe, die früher die Wolle für Socken und „Jerseys" lieferten, werden nicht mehr auf dem Hof gehalten. Auf dem Hof gibt es noch ein Foto von diesen Black and White Sheep der Gattung der Jacobsheep mit vier Hörnern. In der Jersey Kitchen werden wunderbare Kuchen gebacken, die „Jersey Wonders", die man auf jeden Fall kosten sollte.

Das Landhaus ist von wunderschönen Gärten umgeben. Besonders bekannt sind die Kamelien und der Kräutergarten. Der Koch von Samarès Manor soll seine Gerichte mit diesen Kräutern abschmecken. Im japanischen Garten befinden sich eine Pagode und ein japanisches Sommerhäuschen. Es besteht die Möglichkeit, mit Pferd und Wagen eine Rundfahrt über das Landgut zu unternehmen. An Wochentagen sind alle Attraktionen zwischen 10 und 16 Uhr geöffnet, sonntags eingeschränktes Angebot.

Im Restaurant Samarès Manor gibt es Lunch und englischen Tee. Man serviert typische Jersey-Gerichte, zum Beispiel Conger Soup und Bean Krook, aber auch vegetarische Mahlzeiten stehen auf der Speisekarte.

Sport

Natürlich wird auf den Kanalinseln viel **Wassersport** getrieben, vor allem Surfen und Wasserski sind beliebt. Man kann auch segeln oder Motorboot fahren. Auf der Insel werden aber keine Boote vermietet, da die Küsten mit ihren vielen Felsen und Klippen für Fremde sehr gefährlich sind. Besucher, die ihr eigenes Surfbrett oder Boot mitnehmen, müssen sich gleich nach der Ankunft beim Hafenmeister im *Harbour Office* melden. Auskünfte über Registrierung und Versicherungen bei The Harbour Office, Liberation Square, St-Helier, Tel. 3 44 51.

Fort Regent

In Fort Regent kann man folgende Sportarten ausüben: Badminton, Bowling, Fitness, Roller Skating, Snooker, Squash, Tischtennis und Schwimmen (→*Fort Regent*).

Golf

Auf Jersey gibt es vier Golfplätze:

Auf dem Golfplatz in *Les Mielles* (12 Löcher) werden Clubs vermietet. Dieser Platz ist allgemein zugänglich. Adresse: Five Mile Road, St-Peter, Tel. 8 27 87.

St-Clement Recreation Ground in St-Clement, gleich neben Samarès Manor, hat einen Golfplatz mit 9 Löchern, Tel. 2 19 38.

Um beim *Royal Jersey Golf Club* (18 Löcher), Grouville, Tel. 5 44 16, spielen zu können, müssen Besucher Mitglied eines anerkannten Golfclubs sein.

Das gilt auch für *La Moye Golf Club* (18 Löcher) in St-Brelade, Tel. 4 34 01.

Reiten

Pferde werden bei folgenden Adressen vermietet:

Bon Air Stables, St-Lawrence, Tel. 6 51 96.
Brabant Riding School, Trinity, Tel. 6 11 05.
Le Claire Riding, Sunnydale, Rue Militaire, St-John, Tel. 6 28 23.
Louanne Riding Centre, Les Louanne, St-Peter, Tel. 4 33 44.
Millbrook Farm Stables, Millbrook, St-Helier, Tel. 2 70 19.
Multina, Ville au Neveu, St-Quen, Tel. 8 18 43.
Sorrel, Mont Fallu, St-Peter's Valley, Tel. 4 20 09.
Ausflüge zu Pferd dürfen nur in Begleitung unternommen werden.

Surfen
Surfbretter werden an mehreren Stellen in St-Quen's Bay vermietet. Am Strand gibt es Strandwächter, und im Wasser ist mit Flaggen ein Gebiet abgegrenzt, in dem man gefahrlos surfen kann.

Tauchen
Tauchen kann man im Underwater Centre in Bouley Bay, wo professionelle Taucher Unterricht in Scuba-Diving geben. Auch Ausrüstungen und Unterwasserkameras werden hier vermietet.

Tennis
Auf dem *St-Clement Recreation Ground* gibt es zwölf Tennisplätze. Hier werden auch Tennisschläger vermietet.

Tontaubenschießen
Sonntags und im Sommer am Donnerstag abend kann man Tontauben schießen im *Crabbé Clay Pigeon Club* in St-Mary, Tel. 5 40 22 oder 7 65 88. Unterricht wird erteilt.

Wasserski
Beim *Jersey Seasport Centre* (Tel. 4 50 40) in St-Aubin's Bay und bei *Gorey Watersports* (Tel. 5 20 33) werden Ausrüstungen vermietet. Unterricht wird erteilt.

Windsurfen
Unterricht und Ausrüstungen gibt es in St-Aubin's Bay (Jersey Seasport Centre bei La Haule Slip, Tel. 4 50 40), in Grouville Bay bei Gorey (Gorey Watersports, Tel. 5 20 33) und in Brelade's Bay. Im Sommer werden jeden Sonntag Wettkämpfe veranstaltet.

St-Aubin

St-Aubin liegt an der Westseite der St-Aubin's Bay gegenüber von St-Helier. Das Städtchen wurde nach einem Heiligen benannt, der gegen Piraten und ausländische Invasionen schützen sollte. In St-Aubin scheint der Schutz gewirkt zu haben, denn der Hafen war bis zur Vollendung des Hafens von St-Helier, in der Mitte des 19. Jahrhunderts, der bedeutendste dieser Küste. Auch **St-Aubin's Fort** war sehr wichtig für die Sicherheit und Wohlfahrt der Einwohner von St-Aubin. Die Burg liegt auf einem Felsen vor der Küste und stammt aus dem Jahre 1542. Sie wurde im Laufe der Jahrhunderte mehrere Male verstärkt und ausgebaut. Bei Ebbe kann man St-Aubin's Fort zu Fuß erreichen. Die Burg ist nicht zu besichtigen, aber die Wanderung ist wunderschön. Vom Felsen aus hat man eine prächtige Aussicht über den Hafen. Nicht vergessen, daß das Wasser schnell steigen kann, und vor der Flut rechtzeitig zurückkehren!

Bei Ebbe liegt der malerische Hafen übrigens trocken; die See zieht sich bis weit vor die Küste zurück, und die Boote liegen im Sand bis die Flut kommt. Am Hafen stehen einige schöne alte Häuser. In einem dieser Gebäude, dem Restaurant *Old Court House*, wurde die Fernsehreihe „Bergerac" aufgenommen. Die *Parish Hall* am nördlichen Pier war früher ein Bahnhof. Im 19. Jahrhundert gab es eine Eisenbahnstrecke von St-Helier über St-Aubin nach Corbière. Die Bahnstrecke ist nun ein schöner Wanderweg.

In St-Aubin hat auch der *Royal Islands Yacht Club* seinen Sitz.

St-Brelade's Parish Church und Fishermen's Chapel

Die **Pfarrkirche** von St-Brelade an der Westseite von St-Brelade's Bay ist eine der schönsten Kirchen auf den Kanalinseln. Sie steht auf einer Anhöhe mit einer herrlichen Aussicht über die ganze Bucht. Der Friedhof ist sehr romantisch mit seinen uralten Grabsteinen und dem Meer im Hintergrund.

Wahrscheinlich stand schon im frühen Mittelalter eine Kirche oder Kapelle an dieser Stelle. St-Brelade, dessen keltischer Name Branwalader lautete, war ein Reisegefährte des bekannteren St-Samson. Er soll die Insel im 6. Jahrhundert besucht und dort eine Kirche errichtet haben. Der älteste Teil der heutigen Kirche stammt aus dem 12. Jahrhundert. Seitdem wurde viel verändert; die Kirche bekam unter anderem Seitenflügel, eine Kapelle und einen kleinen Turm.

Die Innenwände und das Dach besehen aus rosafarbenem Granit. Die Steine haben alle unterschiedliche Formen und wurden am Strand gesammelt. Auf manchen Steinen sind sogar noch Muscheln zu erkennen. Der Steinfußboden des Chorstuhls ist in den Farben Blau, Grau,

Rosa und Weiß gehalten. Sie symbolisieren den Strand und das Meer. Von den fünf Kirchenglocken, die die Kirche ursprünglich besaß, ist nur eine erhalten. Einer alten Sage zufolge mußten im 16. Jahrhundert alle Kirchen ihre Glocken als Grundstock für den Bau von Elisabeth Castle und Mont Orgueil Castle hergeben. Jede Kirche durfte nur eine Glocke behalten. Das Schiff, das die schwere Fracht geladen hatte, geriet in einen schweren Sturm und sank. Noch heute soll der Klang der Glocken manchmal aus dem Meer zu hören sein.

Die aus dem 11. Jahrhundert stammende **Fishermen's Chapel** hinter der Pfarrkirche sieht wie ein einfaches Granithäuschen aus. Die Kapelle ist sehr klein. Wenn man das Licht einschaltet, sieht man hier farbenfrohe Wandgemälde. Das Gemälde über dem Altar ist vollständig erhalten und zeigt die Verkündigung. Die Farben (Umbra, Rotbraun, Beige und Schwarz) harmonieren wunderbar miteinander. Das Wandgemälde wurde am Anfang dieses Jahrhunderts restauriert. Vom 16. bis zum 19. Jahrhundert wurde die Kapelle als Waffenlager benutzt. Jede Pfarrgemeinde auf Jersey hatte eine eigene Kanone. Die Kanone von St-Brelade stand in dieser Kapelle.

Le Perquage
Hinter der Fishermen's Chapel, in einer Ecke des Friedhofes, gibt es ein kleines Tor zu einem schmalen Pfad, der nach unten führt. Dieser Weg, den man Le Perquage nannte, wurde im Mittelalter dazu benutzt, Verbrechern, die in die Kirche geflüchtet waren, freien Abzug zum Meer zu geben. Sie liefen über diesen Pfad zum Strand, wo ein Schiff auf sie wartete. Die Verbrecher durften danach nicht mehr auf die Insel zurückkehren.

St-Catherine's Breakwater

Der Wellenbrecher wurde im vorigen Jahrhundert angelegt, weil die Franzosen 1840 Verteidigungsanlagen im Hafen von Cherbourg errichtet hatten. Eigentlich sollte St-Catherine's Bay ein militärischer Stützpunkt werden. Bei Archirondel Tower sollte ein zweiter Wellenbrecher gebaut werden. Als der erste Wellenbrecher, der ungefähr 800 m lang ist, fertig war, merkte man allerdings, daß der zukünftige Hafen bald verschlammen würde. Seitdem wird Catherine's Breakwater nur noch von Wanderern benutzt, die zum Leuchtturm am Ende des Pier gehen wollen.

St-Helier

In St-Helier, der Hauptstadt Jerseys, herrscht viel Betrieb. Gemütliche Einkaufsstraßen und der geschäftige Hafen laden zum Bummeln und Schlendern ein. Die Stadt verdankt ihren Namen dem Heiligen Helerius, der hier im 6. Jahrhundert gelebt haben soll.

St-Helier / **Allgemeines**

In der Nähe des Hafens, *Marina*, befindet sich am Liberation Square das **Tourist Office**. Dieses Gebäude war im vorigen Jahrhundert, als es noch die Bahnlinie von St-Helier nach Corbière und Gorey gab, der Bahnhof von St-Helier. Gegenüber der Tourist Information, am Caledonia Place, liegt der Busbahnhof. Hier beginnen und enden alle Buslinien der Insel.

Die *Esplanade*, ein breiter Boulevard, führt in nordwestlicher Richtung am Wasser entlang. Auf der Esplanade wird die Aussicht vom **Elisabeth Castle** bestimmt, das auf einem Felsen im Meer liegt. Bei Ebbe kann man Elisabeth Castle über den *Causeway*, der zwischen den Felsen zum Schloß führt, zu Fuß erreichen. Bei Flut ist es eine echte Insel, aber auch dann kann man das Schloß besuchen. Ein Amphibienfahrzeug aus dem Zweiten Weltkrieg fährt dann zwischen der Stadt und dem Felsen hin und her.

Wer beim Tourist Office die Esplanade überquert, kommt über die Conway Street ins **Einkaufszentrum** von St-Helier, zu dem die King Street und die Queen Street gehören. Juweliere, Parfümerien und Banken haben sich oft in alten, schön restaurierten Gebäuden niedergelassen. Ein bekanntes Geschäft ist *Boots*. Früher war es eine Drogerie, aber jetzt ist es zu einem Warenhaus mit einem bescheidenen Sortiment umgebaut worden. Die größte Zeitschriftenhandlung ist Islands News in der King Street. Im Volksmund wird dieses Geschäft „King Street News" genannt.

Über die Halkett Street kommt man zu den *überdachten Märkten* von St-Helier, Central Market und Beresford Market. Der **Central Market** ist eine sehr stilvolle Markthalle mit zierlichen Stahlkonstruktionen aus dem viktorianischen Zeitalter. Das Wappen Jerseys, drei Löwen, findet man an drei verschiedenen Stellen in der Markthalle. Im Central Market werden hauptsächlich Obst, Gemüse, Fleisch und Blumen verkauft. Neben diesem Markt befindet sich der Fischmarkt, **Beresford Market**. Wer gerne selbst einmal auf dem Meer fischen will, kann hier einen *Fishing Trip* buchen, der etwa £18 kostet.

Auf dem **Royal Square** befindet sich die States Chamber, in der die Volksvertretung Jerseys tagt. Das Gebäude ist für Besucher nur geöffnet, wenn eine Sitzung der „States" stattfindet. Auf dem Platz steht eine goldene Statue von König George II. in einem römischen Gewand. Das Denkmal wurde im Jahre 1751 enthüllt. Im Jahre 1781 fand auf dem Royal Square die berühmte Schlacht „Battle of Jersey" statt (→*Allgemeine Informationen/Geschichte*). Am Ende des Platzes steht die **Parish Church of St-Helier**. Abends wird die Kirche sehr schön beleuchtet. Im **Jersey Museum** erfährt man alles über die Geschichte Jerseys. Das Museum befindet sich in unmittelbarer Nähe der Kirche in der Pier Road. Hinter der Pier Road liegt **Fort Regent**. Das Schloß wurde im vorigen Jahrhundert auf einem Felsen in der Stadt erbaut. Jetzt dient es als Vergnügungspark und Freizeitzentrum. Der **Howard Davis Park** ist ein hübscher Park mit exotischen Pflanzen und Blumen und wird, wie übrigens alle Parks auf Jersey, gut gepflegt.

St-Helier / **Elisabeth Castle**
Geschichte

Elisabeth Castle wurde im 16. Jahrhundert als Verteidigungsanlage gebaut. Bis dahin war Mont Orgueil Castle in Gorey strategisch gesehen der bedeutendste Punkt der Insel gewesen, doch das Fort erwies sich nach der Erfindung der Kanone als nicht standhaft genug. Paul Ivy, ein Experte für Verteidigungsanlagen, bekam 1590 von Königin Elisabeth den Auftrag, eine Festung für St-Helier zu bauen. Auf dem höchsten Punkt der Insel errichtete er Mauern und Bastionen, den *Upper Ward*. Im *Governor's House* und im *Captain's House* wohnten der Gouverneur und sein Stellvertreter. Der ursprüngliche Eingang zur Burg, *Elisabeth's*

Gate, ist mit der Tudor-Rose und dem Wappen der Königin verziert. Zwischen 1626 und 1636 wurde das Schloß erheblich vergrößert. Der neue Teil, *Lower Ward*, diente dem Schutz des Hafens von St-Helier. Die Zugbrücke vor dem Tor zum Lower Ward ist noch immer zu sehen. Zehn Jahre später wurde ein dritter Teil angebaut, der *Outer Ward*. Trotz aller Verstärkungen konnte Elisabeth Castle St-Helier nicht genügend Schutz bieten. Während des englischen Bürgerkrieges (→*Allgemeine Informationen/Geschichte*) wurde die Stadt von der Armee des Parlaments angegriffen. Die Kirche der Festung, die als Lager für Munition und Nahrungsmittel diente, wurde getroffen, was eine gewaltige Explosion zur Folge hatte. Der damalige Gouverneur Jerseys, Sir George Carteret, mußte sich ergeben.

In sechs Jahren wurde am Anfang des 19. Jahrhunderts Fort Regent gebaut, um die Insel gegen die Truppen Napoleons zu verteidigen. Fort Regent übernahm so die Rolle von Elisabeth Castle als Militärzentrum. Im Jahr 1923 verkaufte die englische Krone die Burg an die States of Jersey. Im Zweiten Weltkrieg benutzten die Deutschen das Schloß als Festung und Gefängnis. Sie errichteten auf dem höchsten Punkt der Anlage einen Aussichtsturm.

Besuch

Der Besucher beginnt die Besichtigung im Outer Ward; danach gelangt er in die älteren Teile des Schlosses. Leider gibt es überall auf der Anlage auch noch Bauten aus der deutschen Besatzungszeit, die überhaupt nicht zur stilvollen Architektur der Burg passen. In der *Grand Battery* ist eine Reihe von Kanonen aufgestellt. Es sind Kopien der ursprünglichen Kanonen aus dem 18. Jahrhundert.

In den Gebäuden werden verschiedene Ausstellungen gezeigt, zum Beispiel über das Leben der Soldaten in den Gemäuern. Ein Besuch in den Schlafsälen und viele alte Fotos, Bücher und Karikaturen zeigen, daß die Soldaten hier unter miserablen Umständen leben mußten. Viele Soldaten ertranken, wenn sie abends betrunken aus der Stadt kamen und auf ihrem Weg zum Fort von der Flut überrascht wurden. Im Lower Ward befindet sich das *Jersey Militia Museum*.

Der Sandstrand von Portelet auf Guernsey ▶

Elisabeth Castle ist von Ostern bis Ende Oktober täglich von 9.30 bis 17 Uhr geöffnet, Tel. 2 39 71.

St-Helier / **Hermitage Rock**
Hinter Elisabeth Castle führt eine Mole zu einem anderen Felsen im Meer, dem Hermitage Rock. Dieser rote Granitfelsen, hat sich bis zu der Linie, an der das Wasser gegen den Stein schlägt, schwarz gefärbt. Oben auf dem Felsen steht eine kleine Kapelle an der Stelle, wo der heilige Helerius 15 Jahre lang als Einsiedler gelebt hat. Helerius kam im 6. Jahrhundert nach Jersey, um das Christentum zu predigen. Er soll mit seinen Gebeten die Normannen von der Insel ferngehalten haben. Am 16. Juli 555 landeten die Normannen aber doch auf Jersey. Sie köpften den Mönch mit einen Beil. Man sagt, daß Helerius seinen Kopf aufgehoben habe und damit davongegangen sei. Dieses Wunders gedenkt man jährlich am 16. Juli sowohl auf Jersey als auch in der Normandie in der Kathedrale von Coutances.
Jahrhunderte später wurde auf Hermitage Rock eine Kapelle zum Andenken an den Einsiedler gebaut. Die Kapelle liegt zum Teil im Felsen. In der Kapelle ist ein Loch im Gestein zu sehen, in dem Helerius gelebt haben soll. Es wird auch behauptet, daß der Heilige an dieser Stelle enthauptet worden sei. Früher konnte man Hermitage vom Schloß aus nur bei Ebbe erreichen. Jetzt gibt es eine Mole, auf der die Deutschen große Bunker gebaut haben.

St-Helier / **Parish Church of St-Helier**
In der Altstadt von St-Helier, gegenüber vom Royal Square, steht die Kirche der Pfarrgemeinde St-Helier, die Parish Curch of St-Helier. Aus einem Schriftstück aus dem Jahr 1066 geht hervor, daß an dieser Stelle damals auch eine Kirche gestanden hat. Die heutige Kirche stammt aus dem 14. Jahrhundert und wurde seitdem einige Male umgebaut und vergrößert. Die älteren Teile der Kirche sind gut zu erkennen; die Steine sind klein, rund und verwittert. In späteren Jahren wurden rechtekkige Steine benutzt, die in den Steinbrüchen geschlagen wurden. Zwischen 1864 und 1868 wurde die Kirche restauriert. Auf den Fotos in der Halle kann man sehen, wie verfallen das Gebäude vor der Restaurierung waren.

Im Mittelalter unterstand die Kirche dem Bischof von Coutances in der Normandie. Die Bevölkerung fühlte sich damals mehr mit Frankreich verbunden als mit England. In den Jahren um 1500 bekam die Kirche allerdings doch einen englischen Bischof, aber Frankreich hatte immer noch großen Einfluß auf die Pfarrei. Die Gottesdienste wurden bis 1860 in französischer Sprache abgehalten, und auch Dokumente wurden auf französisch geschrieben.

Die Kirche erfüllte viele Zwecke. Hier fanden unter anderem Konferenzen statt, die sogenannten *Parrish Assemblies*. Wenn zum Beispiel beschlossen werden mußte, ob eine Straße verbreitert werden sollte, versammelte man sich in der Kirche und stimmte darüber mit Heben des Hutes ab. Wichtige Regierungsbeamte, so die *Jurats* und *Constables,* wurden unter der Kirchentür gewählt. Diesen Brauch gibt es seit 1830. Die Kirchenglocke läutete, wenn der Markt am Royal Square begann und warnte die Bevölkerung auch, wenn Gefahr drohte. Außerdem war die Kirche ein Zufluchtsort für Dorfbewohner und Kriminelle. Verbrecher wurden nicht verhaftet, solange sie sich in der Kirche befanden.

Jede Pfarrgemeinde mußte ihre eigenen Verteidigungstruppen haben, die *Militia*. Die Milizen der Pfarrgemeinden bildeten zusammen die Armee der Insel. In der Kirche hängen die Fahnen der Militia von St-Helier. Auch Kanonen und Kugeln wurden lange in der Kirche aufbewahrt.

St-Helier / **Jersey Museum**

An der Pier Road, hinter dem Busbahnhof, befindet sich in einem alten Kaufmannshaus vom Beginn des 19. Jahrhunderts das Jersey Museum. In diesem Museum ist viel über die Geschichte Jerseys zu sehen. Das Prunkstück der Sammlung ist ein Halsband aus der Bronzezeit, *The Gold Torque*. Das Schmuckstück besteht aus zwei gedrehten goldenen Bändern. Es macht einen sehr schweren Eindruck, scheint aber außerordentlich leicht zu sein. Die wenigen, die die *Torque* berühren durften, sagten, daß das Halsband so weich wie Butter sei, und daß sie es mühelos auseinanderbiegen konnten, um es umzulegen. Das Schmuckstück wurde 1889 beim Bau der Häuser in der St-Lewis Street in St-Helier entdeckt. Vor allem in Irland hat man mehrere Halsbänder dieser Art gefunden.

In dem nach ihr benannten Saal sind Porträts und Kostüme von Lilly Langtry zu sehen. Sie ist sehr bekannt auf der Insel und wird auch „Jersey Lilly" genannt. Lilly Langtry war eine der Mätressen des Prince of Wales, dem späteren König Edward VII. Das Verhältnis der beiden machte damals viel Wirbel. Lilly Langtry war zweimal verheiratet; das zweite Mal mit Sir Hugo Bathe. Durch diese Hochzeit bekam sie einen Adelstitel. Auf den Fotos von ihrem Begräbnis im Jahre 1929 ist zu sehen, daß sie wie eine Fürstin auf dem St-Saviour's Churchyard auf Jersey bestattet wurde.

Außerdem besitzt das Museum eine alte Apotheke, traditionelle Einrichtungsgegenstände und Möbel aus Jersey, Modellbauschiffe, eine Sammlung mit Fischen und Muscheln sowie einen Saal, der der deutschen Besatzungszeit gewidmet ist. Außerdem sind das ganze Jahr über wechselnde Ausstellungen zu sehen.

Das Jersey Museum ist von Montag bis Sonnabend zwischen 10 und 17 Uhr geöffnet, Tel. 7 59 40 oder 3 05 11.

St-Helier / **Fort Regent**

Fort Regent wurde am Anfang des 19. Jahrhunderts auf einem Felsen im Zentrum von St-Helier gebaut. Diese Festung sollte Jersey vor Napoleon und seiner Armee schützen. Das Fort wurde 1814 fertiggestellt, doch nach der Schlacht bei Waterloo, die ein Jahr später stattfand, drohte keine Gefahr mehr aus Frankreich. Bis 1927 waren britische Soldaten in der Festung stationiert, doch Fort Regent mußte Jersey niemals vor Angriffen schützen.

Das Schloß ist nun ein großer Freizeitpark mit vielen Attraktionen. So gibt es den fliegenden Teppich, *The Magic Carpet*, das Aquarium, *The World of the Sea*, *The Kodak Space Photography Exhibition*, *The Nostalgis Store*, das *Exploitarium* und eine Kirmes. Außerdem wird täglich eine Theatervorstellung gegeben. Im Fort kann man auch schwimmen, Fitneß betreiben, Rollschuh laufen und Tischtennis, Badminton und Snooker spielen. In der *Health Suite* gibt es eine Sauna, Dampfbäder und ein Solarium. Des weiteren findet man in Fort Regent Geschäfte, Bars, Restaurants und eine Diskothek.

Im Sommer werden Führungen für Touristen, die mehr über die Geschichte der Festung erfahren wollen, veranstaltet.

Fort Regent ist von Ostern bis Oktober zwischen 9 und 17 Uhr geöffnet. Der Eintritt kostet etwa £4. Sonnabends zahlen Sie £3, weil dann keine Live-Unterhaltung geboten wird, und nach 17 Uhr beträgt der Eintrittspreis £1.50. Für einen Aufpreis von £1 kann man zahlreiche Attraktionen kostenlos besuchen. Wer mit dem Auto nach Fort Regent fährt, folgt den Wegweisern zum Gipfel des Mount Bingham. Es ist auch möglich, mit der Kabelbahn ab Snow Hill nach oben zu fahren.

St-Matthew's Church

St-Matthew's Church in Millbrook an der St-Aubin's Bay wird auch die „Glass Church" genannt. Die Kirche stammt aus dem Jahr 1840. Die Inneneinrichtung und die Fenster wurden 1934 von dem französischen Glaskünstler René Lalique im Auftrag von Florence Lady Trent vollständig neu entworfen. Lady Trent wollte damit ihrem verstorbenen Gatten ein Denkmal setzen. Die Glasobjekte in der Kirche sind recht geradlinig gestaltet, obwohl die einzelnen Teile reichlich mit Lilien und abstrakten Formen verziert sind. Die vier gläsernen Engel in der Lady Chapel, das gläserne Kreuz und die beiden Glaspfeiler auf dem Altar sind während der Gottesdienste erleuchtet. Die Kirche kann tagsüber besichtigt werden. Am Sonnabend ist sie nur morgens und sonntags nur während der Gottesdienste geöffnet.

St-Peter's Bunker

Der St-Peter's Bunker stammt aus dem Jahr 1942 und ist einer der größeren Bunker, die die Deutschen während des Zweiten Weltkriegs von Zwangsarbeitern erbauen ließen. Im Museum wird das Alltagsleben während der deutschen Besatzung lebendig. Auch Gegenstände aus der Besatzungszeit sind hier zu besichtigen. Neben dem Gebäude befindet sich das Jersey Motor Museum (→dort).

St-Quen's Manor

St-Quen's Manor, das auf dem 20-Pfund-Geldschein abgebildet ist, ist Eigentum des vornehmen Geschlechtes Carteret, das schon seit dem 12. Jahrhundert auf Jersey ansässig ist. Man sagt darum oft, daß die Geschichte der Familie Carteret die Geschichte Jerseys sei. Viele Mitglieder des Geschlechtes hatten bedeutende Regierungsposten inne. Der Familienname kommt schon in einem Bericht des Dichters Wace über die Schlacht von Hastings (1066) vor. Die Carterets bekamen als Dank für ihre Treue von der englischen Krone Land und ritterlichen Schutz.

Zu Beginn des 12. Jahrhunderts wurde der erste Rittersitz an der gleichen Stelle errichtet, auf der das heutige Landhaus steht. Der älteste Teil des Hauses besteht aus der Halle, den beiden Türmen und der Kapelle. Bis zum 14. Jahrhundert wurden mehrere Flügel angebaut. Das Landhaus wurde über Jahrhunderte hinweg vom Vater an den Sohn und manchmal von der Mutter an die Tochter vererbt. Der letzte große Umbau fand im 19. Jahrhundert statt. Als Colonel Malet de Carteret das Landgut im Jahre 1856 erbte, waren das Haus und die Kapelle verfallen. Er begann zielstrebig mit dem Wiederaufbau und brachte das Gut zwischen 1860 und 1890 in seinen heutigen Zustand. Eine der bedeutendsten Veränderungen war die Auffahrt; dafür wurde die Eingangstür auf die andere Seite des Hauses verlegt.

Der heutige Seigneur von St-Quen's Manor kaufte das Landgut von seinem älteren Bruder, der vollständig verschuldet war. Das Anwesen blieb zwar in der Familie, aber ein großer Teil der Ländereien mußte verkauft werden. Der ältere Bruder wanderte nach Kanada aus. Der heutige Seigneur genießt noch immer großes Ansehen auf der Insel, aber bekleidet seit 1965 keine bedeutenden Regierungsämter mehr.

Das Landhaus kann nicht besichtigt werden. Die Inneneinrichtung soll zum größten Teil aus Holz bestehen. An den Wänden hängen Porträts von König Charles II., der hier einige Zeit als Flüchtling gewohnt hat. Aus dieser Zeit stammen seine reichverzierten Handschuhe und ein Brief, in dem er der Familie Carteret für ihre Hilfe dankt.

Die Fassade des Hauses und der wunderschöne Garten sind auf jeden Fall einen Besuch wert. Im Garten stehen riesige, alte Bäume und

große Hortensien. Die alte Dame of St-Quen, die Mutter des heutigen Seigneurs, kommt täglich auf das Landgut um, wie sie sagt, „aufzupassen, daß der Gärtner seine Arbeit gut macht".
Die Gärten können jeden Dienstag nachmittag besichtigt werden.

Strände

Auf Jersey gibt es viele Strände. Manche sind sehr klein und idyllisch und an drei Seiten von Felswänden umgeben, andere sind sehr breit. Wegen der Gezeiten kann man nicht an allen Stränden schwimmen. Einige Strände werden von Strandmeistern bewacht. Vor allem an der Nord- und Westküste ist beim Schwimmen Vorsicht geboten. Nähere Auskünfte sind bei der Tourist Information in St-Helier erhältlich.

Die Südküste

Beau Port

Dieser kleine Strand an der Südküste liegt sehr schön zwischen den Felswänden eingebettet. In dieser Bucht kann man sich in jedem Fall windgeschützt sonnen. Der Strand ist über einen Klippenpfad erreichbar, der zwischen den Felsen verläuft. Die Wanderung führt an vielen herrlich duftenden Blumen vorbei. Am Strand gibt es keine Toiletten, Duschen und Kioske.

Grêve d'Azette

An diesem Sandstrand östlich von St-Helier stehen nur wenige Parkplätze zur Verfügung.

Quaisne Bay

Dieser Sandstrand am Ende der St-Brelade Bay ist mit dem Auto gut zu erreichen.

Portelet Bay

Von diesem kleinen Srand, der von Felsen umgeben ist, hat man eine schöne Aussicht auf Ile au Guerdain, einer kleinen Insel vor der Küste. Es gibt ein Strandcafé. Der Strand ist zu Fuß über einen steilen Pfad zu erreichen.

St-Aubin's Bay

Ein schöner, breiter Strand an der Südküste Jerseys. Am Strand, der mit dem Auto gut erreichbar ist, befinden sich Lokale und Toiletten. In dieser Bucht kann man schwimmen und Wassersport betreiben.

St-Brelade's Bay
Ein beliebter Strand, der auch für Kinder geeignet ist, die hier gefahrlos schwimmen können, wenn sie die Felsen meiden. Es gibt Cafés und einen großen Parkplatz. Am Strand steht die schöne St-Brelade's Parish Church (→*dort*).

St-Clement's Bay
Sand und Felsen wechseln einander an diesem Strand ab. Man hat hier vor allem bei Ebbe eine prächtige Aussicht, weil dann alle Felsen und Klippen aus dem Meer auftauchen. Schwimmer sollten sich vor der starken Strömung hüten, die hier beim Gezeitenwechsel entsteht.

Die Ostküste

Anne Port und Archirondel
Anne Port ist ein Sandstrand, Archirondel ein Kiesstrand. Beide Strände sind mit dem Auto gut zu erreichen.

Der Prachtbau von St-Quen's Manor

Royal Bay of Grouviulle
An dieser Bucht liegt, gleich neben dem schönen Sandstrand, der Golfplatz von Grouville. In der Ferne kann man Mont Orgueil Castle sehen. Lokale und Toiletten am Strand.

St-Catherine's Bay
Da dieser Strand außerordentlich felsig ist, eignet er sich weniger gut zum Schwimmen.

Die Nordküste

Bonne Nuit Bay
Bonne Nuit Bay hat einen kleinen Hafen und einen schmalen Strand. Über die Felsen an der Bucht führen schöne Wanderwege. Der Name der Bucht soll entstanden sein, als Charles II. von dieser Bucht nach England fuhr und der Bevölkerung Jerseys vom Schiff aus „Bonne Nuit!" zurief.

Boulay Bay
Diese Bucht hat einen Kiesstrand und einen winzigen Hafen. Im hiesigen Diving Center kann man tauchen.

Grève de Lecq
Dies ist ein schöner Sandstrand, der von zartgrünen Klippen umgeben ist. Beim Schwimmen sollte man hier äußerst vorsichtig sein. Am Strand befinden sich mehrere Cafés.

Plemont Bay
Dieser Strand liegt zwischen eindrucksvollen Klippen. Auch hier ist Vorsicht beim Schwimmen geboten. Der Strand ist nur zu Fuß über einen steilen Pfad zu erreichen, an dessen Beginn sich ein Lokal befindet.

Rozel Bay
Diese Bucht hat einen kleinen, gemütlichen Strand und einen kleinen Hafen, in dem die Fischerboote anlegen. Hier kann man gefahrlos schwimmen. In der Nähe des Strandes gibt es ein nettes Restaurant, den „Apple Cottage" (→*Restaurants*).

Die Westküste

St-Quen's Bay
Die weitläufige Bucht zieht sich über die gesamte Westküste Jerseys hin. Es herrscht starker Seegang. Wegen der hohen Wellen ist der Strand bei Surfern sehr beliebt, doch Schwimmer sollten hier sehr vorsichtig

sein. Hinter dem Strand befindet sich ein Dünengebiet mit mehreren Seen. Es steht unter Naturschutz.

Auskunft →*St-Helier/Allgemeines*

Unterhaltung

In der aus dem 19. Jahrhundert stammenden Festung **Fort Regent** bei St-Helier sind ein großes Freizeitzentrum und ein Vergnügungspark untergebracht. Es gibt Führungen durch die Festung, und es werden Filme gezeigt. In der Zeit zwischen Ostern und Oktober werden täglich Puppenspiele aufgeführt und Kabarettvorstellungen gegeben. In der Glouchester Hall finden abends oft Konzerte statt. Im Freizeitzentrum kann man Badminton, Squash, Tischtennis und Snooker spielen, Fitneß betreiben, schwimmen und ins Solarium gehen. Außerdem gibt es mehrere Geschäfte, Bars, Restaurants und eine Diskothek. Im Park findet man verschiedene Attraktionen. Kindern gefallen besonders das Aquarium „World of the Sea", die Mini-Golf-Bahn und das „Motorama", wo jung und alt mit Motorrädern und Autos fahren können.
→*Sport, St-Helier/Fort Regent*

Diskotheken

Madisons und *Thackerays* sind recht schicke Diskotheken in denen angemessene Kleidung erwünscht ist. Die Türsteher verweigern Besuchern mit Jeans oder Turnschuhen den Zutritt. Das „Thackeray" ist montags, mittwochs und freitags geöffnet. Das „Madisons" kann man donnerstags und sonnabends besuchen. Am Donnerstag wird im „Madisons" die sogenannte *Beach Night gefeiert*, bei der keine Kleidervorschriften gemacht werden. Der Eintritt kostet donnerstags ungefähr £5, und die Getränke sind billiger als an anderen Abenden. Wer gegen 23 Uhr in die Diskothek geht, bevor die Pubs schließen, hat keine Probleme, eingelassen zu werden. Die Diskotheken schließen meistens um 1 Uhr. Bei Jugendlichen sind die Diskotheken *Inn on the Park*, *Lords* und *Raffles* besonders beliebt.

Die Adressen der Diskotheken sind:
Madisons Nightclub, Hotel de France, St-Saviour's Road, Tel. 7 30 18.

Thackerays, The Club, 58-59 Esplanade, St-Helier, Tel. 7 92 03.
Lords Discotheque, Beresford Street, St-Helier, Tel. 2 29 21.
Heroes, Inn on the Park, West Park, St-Helier, Tel. 2 03 02.
Raffles Restaurant Discotheque, 13, James Street, St-Helier, Tel. 7 41 88.
Bonapartes, Fort Regent, St-Helier, Tel. 7 33 08.
Ryder's Nightclub, 5-6 Esplanade, St-Helier, Tel. 7 90 23.

Kabarett
In vielen Hotels gibt es Kabarettvorstellungen.
Caesar's Palace, Grève de Lecq, St-Ouen, Tel. 8 24 63.
Inn on the Park, West Park, Tel. 2 03 02.
Lido de France, Hotel de France Complex, St-Saviour's Road, Tel. 7 30 18.
Swansons, Esplanade, St-Helier, Tel. 7 00 07.

Theater
Benjamin Meaker Theatre, Jersey Arts Centre, Phillips Street, St-Helier, Tel. 7 37 67.
Lido de France, Hotel de France Complex, St-Saviour's Road, Tel. 7 31 02.
Opera House, Gloucester Street, Tel. 2 21 65.

Kinos
Cine de France, Hotel de France Complex, St. Saviour's Road, Tel. 7 16 11.
Odeon Film Centre, Bath Street, Tel. 2 41 66.

Unterkunft

Jersey bietet alle Arten von Unterkünften, sowohl einfache als auch sehr luxuriöse. Es gibt einige Campingplätze und viele Hotels, Pensionen und Ferienhäuser. Die Broschüre des Fremdenverkehrsvereins auf Jersey (→*Allgemeine Informationen/Auskunft*) gibt einen Überblick über alle Unterkünfte auf der Insel.

Campingplätze
Preise zwischen £3 und £6 pro Person und Tag.
Adressen auf Jersey:
Beuvelande Camp Site, St-Martin, Tel. 5 35 75.

Quennevais Camp Site, Les Ormes Farm, St-Brelade, Tel. 4 24 36.
Rose Farm, St-Brelade, Tel. 4 12 31.
Rozel Camping Park, Summerville Farm, St-Martin, Tel. 5 67 97.
St-Brelade's Camping Park, Route des Genets, St-Brelade, Tel. 4 13 98.
Summer Lodge, Leoville, St-Quen, Tel. 8 19 21.

Hotels

Longueville Manor, St-Saviour, Tel. 2 55 01. Halbpension pro Person und Nacht zwischen £75 und £110.

Château La Chaire, Rozel, St-Martin, Tel. 6 33 54. Halbpension pro Person und Nacht zwischen £50 und £70.

Little Grove, St-Lawrence, Tel. 2 53 21. Halbpension pro Person und Nacht zwischen £80 und £130.

Sommerville, St-Aubin, St-Brelade, Tel. 4 12 26. Halbpension pro Person und Nacht zwischen £30 und £50.

Cristina, Mont Félard, St-Lawrence, Tel. 5 80 24. Halbpension pro Person und Nacht zwischen £23 und £43.

Revere, Kensington Place, St-Helier, Tel. 3 87 73. Halbpension pro Person und Nacht zwischen £28 und £58

Le Couperon de Rozell, St-Martin, Tel. 6 55 22. Halbpension pro Person und Nacht zwischen £36 und £48.

La Tour, High Street, St-Aubin, St-Brelade, Tel. 4 37 70. Halbpension pro Person und Nacht zwischen £23 und £40.

West View, La Grande Rue, St-Mary, Tel. 8 16 43. Halbpension pro Person und Nacht zwischen £15 und £30.

Bantry House, Beaumont, St-Peter, Tel. 3 21 49. Halbpension pro Person und Nacht zwischen £16 und £20.

Suisse, St-Saviour's Road, St-Helier, Tel. 3 26 44. Halbpension pro Person und Nacht zwischen £18 und £25.

Pensionen

Panorama, High Street, St-Aubin, St-Brelade, Tel. 4 24 29. Übernachtung pro Person zwischen £29 und £34.

Peterborough House, High Street, St-Aubin, St-Brelade, Tel. 4 15 68. Übernachtung pro Person zwischen £14 und £25.

Lecq Farm, Léoville, St-Quen, Tel. 8 17 45. Übernachtung pro Person zwischen £11 und £14.

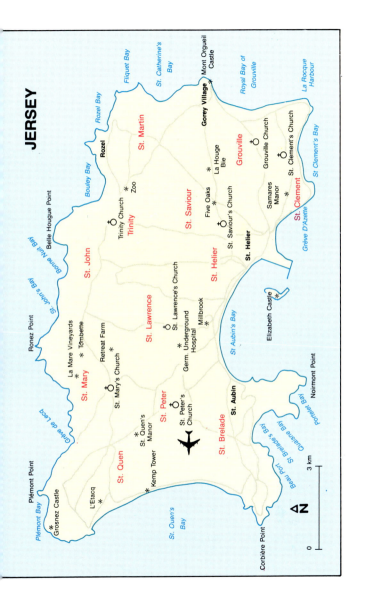

Westfield, Rue ès Viberts, St-Mary, Tel. 8 14 71. Übernachtung pro Person zwischen £12 und £14.

Mont Félard House, Millbrook, St-Lawrence, Tel. 2 18 04. Übernachtung pro Person zwischen £9 und £10.

Ferienhäuser

Ambassadeur, St-Clement, Tel. 2 44 55. Für zwei Personen zwischen £160 und £500 pro Woche, für vier Personen zwischen £200 und £700.

Millbrook House, Millbrook, St-Lawrence, Tel. 3 30 36. Für zwei Personen zwischen £250 und £350.

Beauchamp Farm, Rue des Fontaines, St-Martin, Tel. 5 48 28. Für zwei Personen zwischen £110 und £160 pro Woche; für vier Personen zwischen £250 und £390.

Wandern

Jersey ist ein Paradies für Wanderer. Die Insel hat sowohl an der Küste als auch im Binnenland viel zu bieten.

Die schönsten Wanderungen kann man über die Klippen an der **Nordküste** unternehmen. Von Grosnez Point im Westen bis zur Rozel Bay im Osten gibt es prächtige Klippenpfade entlang der abwechslungsreichen Küste. Der Wanderer steht an manchen Stellen gut hundert Meter über dem Meer, das gischtsprühend gegen die Felsen schlägt. Durch die vielen Buchten und Landzungen ändert sich die Aussicht ständig. Bei schönem Wetter kann man Frankreich in der Ferne erkennen. Es ist ratsam, gute Wanderschuhe zu tragen, da manche Pfade sehr schmal und steil sind.

St-Quen's Bay an der **Westküste** eignet sich natürlich ausgezeichnet für Strandwanderungen. *Les Mielles*, die Dünen hinter dem Strand, sind ein schönes Naturschutzgebiet, in dem es viel zu sehen gibt. Im Kempt Tower erhält man Informationen über die Flora und Fauna. Die Seen werden von vielen Vogelarten bevölkert, und an manchen Stellen stehen alte keltische Steine. Im Frühjahr blühen in den Dünen farbenprächtige Blumen.

Eine herrliche Wanderweg durchs **Inselinnere** beginnt in Millbrook bei St-Aubin's Bay. Über die St-Aubin's Inner Road durchquert der Wanderer das schöne Tal Waterworks Valley mit seinen vielen Bächen und Seen.

In St-Aubin beginnt der **Corbière Walk**, der auch Public Walk oder Railway Walk genannt wird. Es ist eine ruhige und angenehme Wanderung. Der Weg folgt der alten Eisenbahnlinie von Jersey nach Corbière Point im äußersten Südwesten der Insel.

Auf einer guten Landkarte von Jersey ist zu sehen, daß es beinahe überall an der Küste Wanderwege gibt. Die meisten Wanderwege sind gut ausgeschildert.

Zoo

Im Zoo von Jersey werden vom Aussterben bedrohte Tierarten gehalten. Der Eigentümer, Gerals Durrell, hat den *Jersey Wildlife Preservation Trust* gestiftet. Dies ist eine Organisation, die es sich zum Ziel gesetzt hat, seltene oder vom Aussterben bedrohte Tiere, die im Zoo geboren wurden, in ihre natürliche Umgebung zurückzubringen. Bis jetzt ist es Durrell gelungen, eine seltene Sittichart wieder in St-Lucia heimisch zu machen und einige große Gorillas zu repatriieren. Eines seiner größten Projekte ist der Schutz von Flora und Fauna auf der Insel Mauritius.

In der Eingangshalle des Zoos hängen Zeitungsausschnitte neueren Datums, die über die Aktionen des Trustes informieren. Die Ziele des Zoos werden auch in einer audio-visuellen Präsentation im Princess Royal Pavillon noch einmal deutlich erläutert. Der Jersey Zoo ist außerdem noch ein schöner und großzügig angelegter Tiergarten.

Adresse: Jersey Zoo, Les Augres Manor, Trinity, Tel. 6 46 66. Der Zoo ist täglich von 10 bis 18 Uhr geöffnet.

Guernsey / Archäologie

Guernsey

Archäologie

Auf Guernsey sind viele prähistorische Monumente erhalten geblieben. Das ist hauptsächlich Frederick Corbin Lukis, einem Archäologen aus dem vorigen Jahrhundert, zu verdanken. Im Alter von 23 Jahren schaute er bei den Ausgrabungen des prähistorischen Grabes La Varde in L'Ancresse Common an der Nordküste der Insel zu. Er soll damals mit einem Schädel unter dem Arm nach Hause gegangen sein und sein Leben daraufhin der Archäologie gewidmet haben. Er sorgte dafür, daß die prähistorischen Monumente auf der Insel gründlich untersucht und gut konserviert wurden. Außerdem war Corbin Lukas der Gründer des Guernsey Museums in St-Peter Port (→dort).

Auf Guernsey finden sich viele windgeschützte Strände

Die meisten prähistorischen Gräber, die *Dolmen*, stehen an der Küste. Die beiden größten Dolmen befinden sich an der Nordküste: **Le Déhus, La Varde**. In Le Déhus, einer etwa zehn Meter langen Grabkammer, ist auf einem der Steine die Abbildung eines Menschen zu sehen. Mit etwas Phantasie erkennt man ein Gesicht, Arme und einen Bogen. Das Innere des Grabes ist beleuchtet. La Varde ist mit einer Länge von zwölf Metern und einer Breite von fünf Metern das größte Grab auf Guernsey. Der lange Gang wurde mit sechs riesigen Steinen bedeckt. Obwohl dieser Dolmen ziemlich groß ist, wurde er erst im Jahre 1811 während einer militärischen Übung zufällig von Soldaten entdeckt.

Etwas südlich von La Varde liegt **Les Fouillages**. Um dieses prähistorische Monument zu erreichen, muß man den Golfplatz überqueren. Die Entdeckung von Les Fouillages im Jahre 1978 war eines der bedeutendsten Ereignisse in der jüngeren Geschichte der archäologischen Forschung auf Guernsey. Das Grab sieht allerdings nicht besonders auf

Manche Strände sind nur über einen steilen Pfad zu erreichen

regend aus. Die relativ kleinen Steine bilden ein Dreieck, und in der Mitte sind zwei große Steine aufgestellt. Früher befanden sich hier ein oder zwei Räume, die den Kern eines Heiligtums bildeten. Das Grab wurde so spät entdeckt, weil es immer von einer Sandschicht bedeckt gewesen war. Das Alter der Scherben, die man in der Umgebung gefunden hat, schätzt man auf etwa 6500 Jahre.

In Lihou Headland, dem Teil Guernseys, der vor Lihou Island liegt, steht **Le Creux ès Faies**. Ein winziger Wegweiser weist zum Grab, das in der Nähe vom Tea Garden von Lihou Headland liegt. Das Grab ist schätzungsweise 5000 Jahre alt. Der neun Meter lange Gang endet in einer Art Kammer. Wahrscheinlich war das Grab früher vollständig mit Sand bedeckt.

Le Trépied Dolmen liegt ewas nördlich von Lihou Headland. Im 16. und 17. Jahrhundert glaubte man, daß sich hier die Hexen trafen. Ganz außergewöhnlich sind die prähistorischen Abbildungen von menschlichen Figuren auf dem Friedhof von Castel und St-Martin. Auf dem Friedhof **Castel Church** wurde im vorigen Jahrhundert eine Statue unter dem Fußboden der Kirche gefunden. Wahrscheinlich wurde diese Abbildung einer Frau, von der man die Haare und eine Kette erkennen kann, unter die Kirche gelegt, um heidnische Einflüsse abzuwehren. Am Eingang des Friedhofes von St-Martin's Parish Church steht **La Grandmère du Chimquiére**. Diese Statue, die wahrscheinlich keltischen oder römischen Ursprungs ist, steht schon seit Menschengedenken auf dem Friedhof von St-Martin. Im letzten Jahrhundert wurde die Statue allerdings von einem engstirnigen Küster zerbrochen. Die Bevölkerung, die der Statue einmal im Jahr Blumen und Wein opferte, protestierte heftig gegen diese Untat. Die „Grandmère" war für sie ein Fruchtbarkeitssymbol. Die Statue wurde restauriert und an einer anderen Stelle, außerhalb des Friedhofes, wieder aufgestellt. In St-Martin ist es noch immer Brauch, der „Grandmère" nach einer Hochzeit eine Münze auf den Kopf zu legen.

Ausflüge

Die Inseln Herm und Sark sind die beliebtesten Ausflugsziele für Urlauber auf Guernsey. Fahrkarten sind bei mehreren Büros am Hafen von St-Peter Port erhältlich. Auch nach Jersey fahren täglich Linienschiffe. Für einen Ausflug nach Alderney muß man meistens das Flugzeug nehmen. Bei der Tourist Information gibt es nähere Auskünfte über eventuelle Bootsverbindungen nach Alderney. Ab Guernsey werden auch Ausflüge nach Le Mont St-Michel, St-Malo, Dinard und zu anderen Orten an der bretonischen und normannischen Küste angeboten.

Autovermietungen

Bei folgenden Firmen auf Guernsey werden Autos vermietet:
Airport Garage, La Planque, Forest, Tel. 6 41 46.
Avis Rent-a-Car, States Airport, Forest, Tel. 3 52 66.
British Car Rental, Forest, Tel. 3 84 82.
Budget Rent-a-Car, La Planque Lane, Forest, Tel. 6 41 46.
Falles Hire Cars, Airport Road, Forest, Tel. 3 69 02.
Godfrey Davis Europcar, Airport Forecourt, Forest, Tel. 3 76 38.
Harlequin Hire Cars, PO Box 258, Route des Roulinas, Forest, Tel. 3 95 11.
Hertz Rent-a-Car, Airport Garage, La Planque Lane, Forest, Tel. 6 58 60.
Luxicar, Forest Road, Forest, Tel. 3 57 53.
RBM, Forest, Tel. 3 84 82.
Rent-a-Car (GSY), Forest Road Garage, Forest, Tel. 3 87 86.
ABC Graham Priaulx, Ville au Roi, Roundabout, St-Peter Port, Tel. 3 63 68.
A1 Car Hire, Condor, North Pier Steps, St-Peter Port, Tel. 71 22 28.
Easy Rent, Les Banques, St-Peter Port, Tel. 71 02 57.
Economy Car Hire, Rue du Pré, St-Peter Port, Tel. 72 69 26.
Kennings Car Hire, Les Banques, St-Peter Port, Tel. 71 02 57.
Kingslea Car Hire, Le Foulon, St-Peter Port, Tel. 72 70 18.
Rent-a-Renault, The Grange, St-Peter Port, Tel. 72 68 46.
Sarnia Hire Cars, Stanley Road, St-Peter Port, Tel. 72 39 33.
Baubigny Hire Cars, Baubigny, St-Sampson, Tel. 4 58 55.
L'Islet Motors, L'Islet, St-Sampson, Tel. 4 58 73.
Braye Road Garage, Braye Road, Vale, Tel. 4 69 19.

Bars

In der Innenstadt von St-Peter Port gibt es zahlreiche gemütliche Pubs. *The Thomas de la Rue* in Le Pollet ist einfach zu finden, denn der Name steht in riesigen Buchstaben an der Fassade. Auch die *White Hart Bar* befindet sich in Le Pollet. In der Nähe des Pubs *The Hangman's Inn*, etwas außerhalb von St-Peter Port bei Bailiff's Cross in St-Martin gelegen, wurden früher Verbrecher erhängt. In St-Martin gibt es außerdem *The Fairmain Tavern* in der Ford Road und *L'Auberge Divette* an der Küste bei Jerbourg Point. Von dort hat man eine schöne Aussicht auf Herm, Jethou und Sark. Im letztgenannten Pub werden auch warme Mahlzeiten serviert.

Auch die meisten Hotels haben einen gemütlichen Pub, zum Beispiel *The Longfrie Hotel*. Dieses Hotel ist in traditionellem Stil gebaut. Auf dem Dach hat man eine Hexe neben den Schornstein gesetzt. Früher baute man „Stepping Stones" in die Schornsteine, damit die Hexen sich wärmen konnten.

Die meisten Pubs sind auf Guernsey bis 23 Uhr geöffnet. Sonntags sind sie geschlossen, aber in den Hotels werden auch an diesem Tag Getränke serviert.

Beau Séjour Centre →*Sport, St-Peter Port*
Candle Gardens →*St-Peter Port, Guernsey Museum*

Coppercraft Centre

Die Guernsey Coppercraft liegt an der Westküste, gegenüber von Fort Grey. Hier werden verschiedene Gegenstände aus Kupfer hergestellt und verkauft: Schühchen, Milchkannen, aber auch Kamine aus Kupfer. An manchen Tagen kann man hier Barry Somerville, einen alten Kupferschläger, bei der Arbeit beobachten. Die Coppercraft ist täglich geöffnet.

La Grandmère du Chimquière: Statue am Friedhof von St-Martin's Parish Church ▶

Le Déhus →Archäologie

Essen und Trinken

Gerichte mit Fisch und Schalentieren sind die Spezialität der meisten Restaurants. Die frischen Meeresfrüchte werden beinahe ausschließlich in den Gewässern der Kanalinseln gefangen. Der *Ormer* ist hier, wie auch auf Jersey, eine echte Delikatesse. Das Schalentier muß stundenlang gekocht werden, bevor es serviert werden kann. Ein traditionelles Gericht ist *Guernsey Bean Jar*. Diese Ofenschüssel besteht aus grünen Bohnen, einer Schweinepfote, Zwiebeln, Kräutern und Gewürzen und muß sieben bis acht Stunden garen. *Guernsey Gâche* ist ein Rosinenbrot, das zum Tee gereicht wird. Gâche ist ein Ausdruck aus dem französischen Dialekt, der auf Guernsey gesprochen wird (→*Allgemeine Informationen, Sprache*), und bedeutet „Cake" (Kuchen).
Ein typisches Getränk auf Guernsey ist *Tomatenwein*. In den großen Treibhäusern auf der Insel werden hauptsächlich Tomaten gezüchtet, die das wichtigste Exportprodukt Guernseys sind. Der Tomatenwein wird im *Tomato Centre* in Castel verkauft.
Die Guernsey Brewery braut acht verschiedene Sorten *Bier*, unter anderem Pony Ale und IPA. Durch die besondere Zubereitung enthält das Bier auf Guernsey mehr Alkohol als englisches Bier.
→*Restaurants*

Fahrradvermietungen

Für ein Fahrrad zahlt man ungefähr £3 pro Tag. Außer normalen Fahrrädern werden auch Rennfahrräder und Mountainbikes vermietet.
Einige Adressen:
A Bike For Hire, Perrio, Route Carre, L'Islets, St-Sampson, Tel. 4 52 17.
Cycle Hire, Rue Maze, St-Martin, Tel. 3 68 15.
Millard & Co., Victoria Road, St-Peter Port, Tel. 72 07 77.
Moullins, St-Georges Esplanade, St-Peter Port, Tel. 72 15 81.
Rent-a-Bike, The Cycle Centre, St-Sampson's Bridge, Tel. 4 93 11.
West Coast Cycles, Les Tamaris, Portinfer Lane, Vale, Tel. 5 36 54.

Folklore und Festivals

Im August finden auf Guernsey traditionelle Landwirtschaftsausstellungen statt; die **South Show** (in der ersten Augustwoche), die **West Show** (in der zweiten Augustwoche) und die **North Show** (in der dritten Augustwoche). Hier zeigen die stolzen Bauern ihre beste Michkuh, das größte Schwein, das schönste Huhn oder die längste Gurke. Außerdem ist die North Show ein Gegenstück zur Battle of Flowers auf Jersey. Die Blumenschau auf Guernsey ist allerdings kleiner als der Umzug auf Jersey (→*Jersey, Battle of Flowers*).

Von Mai bis September wird jeden Donnerstag nachmittag ein folkoristischer Markt auf der Market Street in St-Peter Port abgehalten, der **The Old Guernsey Market** genannt wird. Die Marktkaufleute tragen Trachten und verkaufen lokale Produkte. Man kann auf dem Markt nicht nur Guernsey-Pullover kaufen, sondern auch zusehen, wie sie gestrickt werden. Der Markt ist bis 17.30 Uhr geöffnet, im Juli und August schließt er erst um 21.30 Uhr. Abends gibt es Musik und Tanz.

Am ersten Montag im Juli findet in Sausmarez Park der **Traditional Guernsey Evening** oder **Le Viaer Marchi** statt. Er ist ein traditionelles Volksfest mit einheimischen Gerichten, Gesang und Volkstanz.

Im Juni wird im Zentrum Beau Séjour ein **Tanzfestival** veranstaltet. Im Juli und August findet in Notre Dame du Rosaire, einer Kirche in St-Peter Port, ein **Musikfestival** mit klassischer Musik statt.

→*Sausmarez Park*

Folk Museum →*Sausmarez Park*

Fort Grey

Fort Grey, das auf einer kleinen Insel in der Rocquaine Bay liegt, wird auch „Cup and Saucer" (Tasse und Untertasse) genannt. Diesen Namen verdankt die Festung ihrer Form: eine breite Fläche, auf der Soldaten mit ihren Geschützen die Stellung hielten, mit einem schmalen, weiß gestrichenen Aufbau.

GUERNSEY

Im 17. Jahrhundert stand hier das Schloß Roquaine Castle. Der Lieutenant-Gouverneur der Insel, John Doyle, ließ während der Napoleon-Kriege mehrere Festungen errichten, um Guernsey vor den Franzosen zu schützen. Fort Grey wurde 1804 erbaut. Ursprünglich gab es keine Tür zum unteren Teil der Festung; wer ins Fort wollte, mußte über eine Leiter an der Außenmauer klettern. Nun können Besucher die Festung durch eine kleine Pforte betreten.

In Fort Grey gibt es ein **Museum** über die Seefahrt vor der Westküste Guernseys. Im Museum werden alte Navigationsgeräte ausgestellt und auch Gegenstände, die im Laufe der Zeit an die Westküste angespült wurden. Vor der Küste, die wegen der vielen Klippen und Riffe sehr gefährlich ist, sind schon unzählige Schiffe gesunken. Der erste Schiffbruch wurde im Jahre 1309 registriert. Das letzte Schiff, das hier in Seenot geriet, war die „Prosperity". Sie sank 1974 vor der Westküste Guernseys. Die meisten Schiffe liefen im 19. Jahrhundert auf die Klippen, als sich der Handel zwischen England und Amerika immer mehr entwickelte. Daß es damals an der Küste keinen Leuchtturm gab, war eine der Ursachen für die vielen Schiffbrüche. Erst im Jahre 1862 errichtete man an dieser gefährlichen Stelle einen Leuchtturm. Bis vor zehn Jahren fuhren die Schiffe noch dicht an der Küste entlang, jetzt fahren sie in 16 km Entfernung an Guernsey vorbei. Das Museum ist von Mai bis September zwischen 10.30 und 12.30 Uhr und von 13.30 bis 17.30 Uhr geöffnet.

Le Friquet Butterfly Farm & Flower Centre

In Le Friquet (Castel Parish) werden zahlreiche Pflanzensorten in Treibhäusern gezüchtet, zum Beispiel Gartennelken, Gerbera, Chrysanthemen und Königsfarn. Eines der Gewächshäuser ist besonders interessant, weil hier viele Schmetterlinge frei zwischen den Pflanzen umherfliegen. Manche Exemplare sind bis zu 20 cm lang. Die Schmetterlinge legen ihre Eier auf die Pflanzen. Vor allem auf der Passionsblume und den Brennesseln sind die Larven und Kokons deutlich zu erkennen. Hinter einer Glasscheibe kann man auch einige tropische Spinnen bewundern.

In Le Friquet kann man zu Mittag essen und Tee trinken. Außerdem gibt es eine Minigolfbahn und einige andere Attraktionen. Le Friquet ist von Ostern bis Oktober täglich von 10 bis 17 Uhr geöffnet.

German Occupation Museum

Gleich hinter der Pfarrkirche von Forest steht das German Occupation Museum. Das Museum vermittelt einen Eindruck vom Alltagsleben der Bevölkerung während der deutschen Besatzung. Man hat eine „Occupation Street" nachgebaut, und außerdem sind hier Zeitungen, Dokumente und allerlei Gegenstände aus der Besatzungszeit zu sehen. Das Museum ist täglich von 10 bis 17 Uhr geöffnet.

German Underground Hospital

Während des Zweiten Weltkriegs mußten Zwangsarbeiter für die Deutschen unterirdische Gänge in die Felsen graben. Die Gänge sollten als Lazarett dienen. Die Bauarbeiten dauerten dreieinhalb Jahre, doch das Lazarett wurde nur kurze Zeit benutzt. Die unterirdischen Gänge haben eine düstere Ausstrahlung, vor allem, wenn man bedenkt, wieviele Zwangsarbeiter hier ums Leben gekommen sind. Das German Underground Hospital liegt in der Nähe der St-Andrew's Road in St-Andrew und ist in der Hochsaison von 10 bis 12 Uhr und von 14 bis 17 Uhr geöffnet.

Gold & Silversmith

Bruce Russel ist der Eigentümer einer Gold- und Silberschmiede, die in einem 400 Jahre alten Bauernhof untergebracht ist. Die Besucher können hier den vier Kunsthandwerkern bei der Arbeit zusehen. Es gibt täglich um 10.45 Uhr eine kostenlose Vorführung. Dann kann man zum Beispiel miterleben, wie ein Ring hergestellt wird. Im Geschäft werden Gold- und Silberarbeiten ausgestellt, die im Atelier angefertigt wurden. Es gibt Schmuck, Guernsey Milk Cans, Guernsey Lilies, Cow Creamers und andere Gegenstände. Ein Cow Creamer ist eine Milchkanne in Form einer Kuh mit einem Verschluß auf dem Rücken und einer Öffnung am Maul, aus der die Milch gegossen wird. Die Gold- und Silberschmiede liegt in der Nähe des Flughafens in St-Saviour und ist von Montag bis Sonnabend zwischen 9 und 17 Uhr geöffnet.

Guernsey Candles

Wer sehen möchte, wie Kerzen hergestellt werden, kann die Kerzengießerei in St-Sampson besuchen. In diesem kleinen Betrieb werden Kerzen in verschiedenen Größen und Formen gegossen. Im Geschäft neben dem Atelier werden diese Kerzen natürlich auch verkauft. „Guernsey Candles" ist täglich geöffnet, im Juli und August auch am Abend.

Guernsey Clockmakers

Gleich hinter der Little Chapel in St-Andrew's gibt es einen Uhrmacher. Besucher können in seiner Werkstatt sehen, wie Uhren, Barometer und andere mechanische Kuriositäten entstehen. Die Werkstatt ist von Montag bis Freitag zwischen 8 und 17.30 Uhr und in der Hochsaison auch am Sonnabend von 10 bis 16 Uhr geöffnet.

Guernsey Museum & Art Gallery →St-Peter Port

Lihou Island

Die kleine Insel Lihou Island an der Westküste Guernseys ist von L'Erée aus zu sehen. Bei Flut wird die Insel unerbittlich von Guernsey getrennt, aber zweimal am Tag, bei Ebbe, ist sie über den „Causeway" zu Fuß zu erreichen. Auf Lihou Island befindet sich nur ein einziger Bauernhof, auf dem eine Familie wohnt. Auf der Insel steht außerdem die Ruine eines alten Benediktiner-Klosters. Als Fundament für die Klosterkapelle Notre-Dame de la Roche verwendeten die Mönche, die im 12. Jahrhundert auf die Insel kamen, die Steine von drei Dolmen und sieben Menhiren, die sie auf Lihou Island vorfanden. Im Radio wird jeden Morgen durchgesagt, wann Lihou Island zu erreichen ist. Auskünfte über die Gezeiten erhält man ebenso bei der Tourist Information.

Little Chapel

„Scherben bringen Glück" muß Bruder Déodat gedacht haben, als er zwischen 1914 und 1939 die Little Chapel in St-Andrew errichtete. Denn diese Miniaturkirche ist mit unzähligen farbigen Tonscherben, Steinchen, Spiegelchen, Rosetten, Blumen, Muscheln, Chinaporzellan, Delfter Blau und einem Bild der englischen Königin verziert. Wie die Scherben festgeklebt wurden, ist deutlich zu sehen, denn die Fingerabdrücke des Mönches sind noch im Zement zu erkennen.

Bruder Déodat hat drei verschiedene Kapellen gebaut. Die ersten beiden (1914-1923) riß er wieder ab, weil ihm das Resultat nicht zusagte. Seinen dritten Versuch begann er 1923. Im Jahre 1939 wurde der Mönch krank und mußte nach Frankreich zurückkehren. Bruder Chephas übernahm seine Aufgabe und baute bis zu seiner Pensionierung im Jahre 1965 an der Kapelle weiter. Die Little Chapel ist kaum fünf Meter lang, so daß sich nur wenige Besucher gleichzeitig in dem Gebäude aufhalten können. Die Kapelle wurde nach dem Vorbild der Großkirche in Lourdes gebaut. Von außen sieht sie wie eine richtige Kirche mit Erkern und Türmchen aus. Die berühmte Porzellanfirma Wedgwood lieferte übrigens die Scherben für die Treppe.

Maison Hugo →*St-Peter Port*

Mofa-, Scooter- und Motorradvermietungen

Mofas, Scooter und Motorräder sind bei *Millard & Co.* zu mieten, Victoria Road, St-Peter Port, Tel. 72 07 77.

Der Mietpreis für ein Motorrad beträgt ungefähr £13 pro Tag und £41 pro Woche. Für ein Mofa oder einen Scooter zahlt man ungefähr £8 pro Tag und £31 pro Woche. Die Kunden müssen mindestens 20 Jahre alt sein und einen Motorradführerschein besitzen, auch wenn sie nur ein Mofa oder einen Scooter mieten wollen.

Moulin Huet Pottery

Diese Töpferei ist in nach alter Tradition gebauten Häuschen untergebracht und liegt in schöner Umgebung in der Nähe der Moulin Huet Bay. Der Töpfer Rex Opie arbeitet hier zusammen mit seiner Tochter. Im hinteren Teil des Geschäftes kann man sehen, wie die Töpferwaren hergestellt werden. Von der Werkstatt aus kann man eine sehr schöne Wanderung über einen schmalen hortensienbewachsenen Pfad zum Strand von Moulin Huet Bay unternehmen. Die Moulin Huet Pottery ist an Wochentagen von 9 bis 21 Uhr und am Wochenende zwischen 10 und 17 Uhr geöffnet.

Oatlands Craft Centre

Im Oatlands Craft Centre wurden im vorigen Jahrhundert Backsteine hergestellt. Die alten Öfen können noch im Brick Museum besichtigt werden. Jetzt ist hier ein Zentrum für Kunsthandwerk untergebracht. Man findet hier unter anderem Glasbläser und -graveure, Töpfer, Imker und Silberschmiede. Im Tea Garden von Oatlands wird leckeres Gebäck angeboten, doch den Tee müssen die Gäste leider aus Pappbechern trinken. Kinder haben ihren Spaß mit der Pferdekutsche, die zum Kinderbauernhof fährt. Das Oatlands Craft Centre ist täglich von 10 bis 17.30 Uhr geöffnet. Im Winter ist das Zentrum sonntags geschlossen.

Pleinmont

Im Südwesten der Insel stehen mehrere Fernsehsendemasten und ein restaurierter Beobachtungsturm aus der deutschen Besatzungszeit. Der Turm ist an manchen Tagen für Besucher geöffnet. Die genauen Zeiten erfährt man bei der Tourist Information. Die Aussicht über die Klippen westlich von Guernsey ist sehr schön, vor allem wenn die See beim Sonnenuntergang in goldenes Licht getaucht ist. Drei Kilometer vor der

Küste befindet sich der aus dem Jahre 1862 stammende Leuchtturm Hanois.

Bei Pleinmont beginnt (oder endet) der Klippenpfad entlang der Südküste Guernseys.

Restaurants

Die meisten Restaurants auf Guernsey sind in St-Peter Port zu finden, sowohl schicke Restaurants als auch kleine, gemütliche Lokale. Aber auch außerhalb gibt es einige nette Restaurants, einige mit schöner Meersicht. Die augeführten Preise sind Durchschnittspreise für ein Menü ohne Getränke.

Absolute End, Longstore, St-Peter Port, Tel. 72 38 22. Ein traditionelles Guernseyhaus mit Aussicht aufs Meer. Spezialität: ausgezeichnete Fischgerichte. Gerichte ab £17.

Louisiana, South Esplanade, St-Peter Port, Tel. 71 31 57. Ein luxuriöses Restaurant gegenüber von Castle Cornet. Gerichte ab £20.

Friends', North Esplanade, St-Peter Port, Tel. 72 15 03. Eine umfangreiche Speisekarte unter anderem viele vegetarische Gerichte ab £11.

Idlerocks, Jerbourg Point, St-Martin, Tel. 3 77 11. Gerichte ab £8.

L'Atlantique, Perelle Bay, St-Saviour, Tel. 6 40 56. Gerichte ab £13.

La Fregate, Les Cotils, St-Peter Port, Tel. 72 46 24. Ein Restaurant mit französischer Küche und Aussicht auf den Hafen. Gerichte ab £20.

Le Nautique, Quay Steps, St-Peter Port, Tel. 72 17 14. Dieses Lokal ist bekannt für seine Fischgerichte. Der Durchschnittspreis für eine Mahlzeit beträgt £22.

Les Douvres, La Fosse, St-Martin, Tel. 3 79 81. Gerichte ab £13.

Moorings, Albert Pier, St-Peter Port, Tel. 72 08 23. Dieses Restaurant hat eine große Terrasse mit Aussicht auf den Hafen. Gerichte ab £12.

Nino's, Lefebvre Street, St-Peter Port, Tel. 72 30 52. Ein Bistro im Zentrum von St-Peter Port. Hier gibt es unter anderem leckere Fischgerichte, ab £12.

Old Government House, Ann's Place, St-Peter Port, Tel. 72 49 21. Gerichte ab £10.

The Apartment, Lefebvre Street, St-Peter Port, Tel. 72 85 15. Ein gemütliches Bistro in der Innenstadt. Gerichte ab £10.

Wellington Boot, Havelet, St-Peter Port, Tel. 72 21 99. Dieses Lokal hat ein schickes Restaurant mit einer umfangreichen Speisekarte und einen einfachen Grill Room. Gerichte ab £14.

West Coast, Vazon Bay, Castel, Tel. 5 74 89. Ein beliebtes Familienrestaurant mit Gerichten ab £12.

Teehäuser

The Tea Garden bei Lihou Headland (L'Erée) ist ein hübsches Lokal in ruhiger Lage am Meer in der Nähe vom „Causeway" nach Lihou Island. Guten englischen Tee und ausgezeichneten Lunch serviert man im *Tudor Lodge*, Forest Road 7, in Forest. Hinter dem stilvollen Teehaus befindet sich ein Rotwildpark.

Rose Centre

Das Rose Centre in St-Andrew ist schon von der Straße aus an den großen Treibhäusern und der Windmühle zu erkennen. In den Treibhäusern wird den Besuchern ein Film über die Rosenzucht gezeigt. Unter anderem werden hier die Rosengattungen Sterling Silver, Jaguar, Golden Times und Gabrielle gezüchtet. Montags, dienstags und mittwochs werden am Morgen Rosen geschnitten und in Kartons verpackt. Diese Kartons kann man als Geschenk in jedes Land der Welt versenden lassen.

Das Rose Centre ist täglich von 9.30 bis 17.30 Uhr geöffnet.

Sausmarez Manor

Dieses alte Landhaus in St-Martin ist von einem prächtigen Garten umgeben, in dem es verschiedene Teiche mit Wasservögeln, ein Teehaus und eine Miniatureisenbahn gibt. Im dortigen Museum kann man unter anderem eine große Modelleisenbahn und eine Puppensammlung bewundern. Das Landhaus ist an einigen Wochentagen für Besucher geöffnet.

Sausmarez Manor ist Eigentum der Familie *de Sausmarez*, die jahrhundertelang großen Einfluß auf der Insel hatte. Schon im 13. Jahrhundert besaß William de Sausmarez hier ein Haus. Die Sausmarez waren sogenannte Seigneurs, Landherren mit vielen Vorrechten, die ihr Land an die Bauern verpachteten. Die Familie besaß übrigens nicht nur Ländereien auf Guernsey, sondern auch den Landsitz Saumarès Manor (→ dort) auf Jersey. Als George de Sausmarez im 16. Jahrhundert ohne männlichen Erbfolger starb, fiel das Landgut an seine Tochter und wurde anschließend Eigentum der Familie Andros. Erst im 18. Jahrhundert gelang es den Nachkommen der Familie Sausmarez, das Landgut wieder in ihren Besitz zu bekommen. Der heutige Seigneur heißt Peter de Sausmarez.

Von dem ursprünglichen Haus, das aus dem 13. Jahrhundert stammt, ist wenig erhalten geblieben. Der Giebel stammt aus dem Jahre 1714. Der damalige Seigneur vererbte seinem Neffen John seinen ganzen Besitz unter der Bedingung, daß dieser innerhalb von vier Jahren ein Haus baute. John hielt Wort, aber das neue Haus hatte nur ein einziges Zimmer. Ein Nachfahre Johns hatte 28 Kinder und mußte aus Platzmangel einige Zimmer anbauen, um mit seiner Familie im sogenannten Queen Anne House wohnen zu können.

Der Zaun rund um das Landgut stammt aus dem 18. Jahrhundert. Auf den äußeren Pfeilern steht ein Falke, auf den inneren Pfosten sieht man ein Einhorn und einen Windhund. Diese drei Tiere gehören auch zum Wappen der Familie Sausmarez.

Die Inneneinrichtung des Hauses ist nicht besonders alt, vermittelt aber einen guten Eindruck, wie eine vornehme Familie wohnt. Besonders schön ist der Tapestry Room, ein Zimmer mit flämischen und englischen Wandteppichen. Der Familie Sausmarez gehört außerdem der Hochzeitsanzug von James II. Die Jacke hat siebzehn Taschen, manche speziell für Tabak. Die Holzvertäfelung an den Wänden ist teilweise sehr alt; manche Stücke stammen aus der Bretagne. Leider steht nur wenig Geld für die Restaurierung des Anwesens zur Verfügung. Das ist vor allem der Fassade anzusehen. Zwei Wandteppiche wurden auf Privatinitiative hin restauriert.

Sausmarez Manor ist täglich von 10 bis 18 Uhr geöffnet. Das Haus kann von Mai bis Ende September dienstags, mittwochs und donnerstags zwischen 10.30 Uhr und 14.30 Uhr besichtigt werden.

Sausmarez Park & Folk Museum

Sausmarez Park trägt zwar denselben Familiennamen wie Sausmarez Manor, liegt aber am anderen Ende der Insel in Castel. Der **Park** gehört zu einem Landhaus aus dem 18. Jahrhundert, das heute als Altersheim dient. Er ist für Besucher geöffnet.

In den alten Ställen ist das **Folk Museum** untergebracht. Dieses Museum zeigt, wie die Einwohner Guernseys früher lebten. Zu sehen sind eine vollständig eingerichtete Küche und ein Schlafzimmer. Auch Trachten und tägliche Gebrauchsgegenstände werden ausgestellt. Im Ciderhaus steht eine Presse, mit der Äpfel gepreßt wurden. Das Museum zeigt auch eine Sammlung landwirtschaftlicher Geräte, die noch bis vor kurzem benutzt wurden. Geöffnet ist es von März bis Oktober täglich zwischen 10 und 17 Uhr.

Sport

Beau Séjour in St-Peter Port ist das Sportzentrum Guernseys. Man kann hier schwimmen, Rollschuh fahren, Bowling, Badminton, Squash, Tennis, Korbball, Tischtennis, Basketball und Volleyball spielen. Außerdem hat Beau Séjour eine Sauna und ein Solarium. Das Zentrum ist täglich von 9 bis 23 Uhr geöffnet.

Fischen
Überall auf Guernsey darf man ohne besondere Erlaubnis fischen. Es ist auch möglich, mit erfahrenen Fischern auf hoher See zu fischen. Nähere Auskünfte erteilt die Tourist Information.

Golf
An der Nordküste Guernseys verfügt der schön gelegene *Royal Guernsey Golf Club*, L'Ancresse, Vale, Tel. 4 70 22, über einen Golfplatz mit 18 Löchern. Um hier Golf spielen zu können, muß man eine Mitgliedskarte eines anerkannten Golfclubs besitzen.

Reiten
Zwei Reitställe vermieten Pferde und Ponys:
Guernsey Equestrian Centre, Courtil de Haut, Grandes Chapelles, Tel. 72 52 57.
La Carrière Stables, Baubigny, St-Sampson, Tel. 4 99 98.

Segelboot- und Motorbootvermietung
Guernseys Küste ist mit ihren vielen Klippen und dem starken Gezeitenwechsel sehr gefährlich. Daher werden hier keine Boote vermietet. Es ist allerdings möglich, ein Boot mit Bootsführer zu chartern. Nähere Auskünfte erteilt die Tourist Information.

Tauchen
Guernsey School of Diving erteilt Tauchunterricht und verleiht Ausrüstungen an erfahrene Taucher. Adresse: Les Quatre Vents, Rue des Monts, Delancey, Tel. 4 76 64.

Tontaubenschießen
Im *La Favorita Hotel* kann jeder, der Lust hat, Tontauben schießen: „La Favorita Hotel", Fermain Bay, St-Martin, Tel. 3 56 66.

Wasserski
Ausrüstungen und Unterricht erhält man bei *Havelet Bay Water Ski School*, Les Muguets, Hougue Magues Lane, St-Sampson, Tel. 4 88 54. Auch bei *Guernsey School of Diving* ist Wasserskifahren möglich.

Windsurfen und Surfen
In St-Sampson gibt es eine Windsurfschule und ein Geschäft, in dem Ausrüstungen erhältlich sind: *Nauti-fun*, L'Islet, St-Sampson, Tel. 4 66 90. Vor allem Vazon Bay, Cobo Bay, Saline Bay und L'Ancresse Bay eignen sich hervorragend zum Surfen und Windsurfen.

St-Appoline's Chapel

In der Nähe der Bay de la Perelle bei St-Saviour steht eine kleine Kapelle aus Granit, die St-Appoline geweiht ist. St-Appoline's Chapel ist die einzige mittelalterliche Kapelle, die auf der Insel erhalten geblieben ist. Vor der Reformation gab es auf Guernsey viele Kapellen dieser Art. Nachdem das Gebäude im letzten Jahrhundert Staatseigentum geworden war, wurde es lange als Stall benutzt.

Am heutigen Standort der Kapelle gab es vermutlich schon im Jahr 1030 eine Kirche. Der größte Teil der heutigen Kapelle stammt aus dem 14. und 15. Jahrhundert. Im 17. Jahrhundert schlug der Blitz in die Kapelle ein. Die daraufhin erforderlichen Restaurierungsarbeiten sind noch heute zu erkennen. Die Kapelle hat nur ein einziges kleines Fenster und eine Tür. An der Decke sind einige Fresken erhalten geblieben.

St-Peter Port

Die Hauptstadt von Guernsey, St-Peter Port, hat den schönsten Hafen der Kanalinseln. Die Segelboote liegen dicht am Kai. Direkt hinter dem Hafen beginnt das Geschäftsviertel mit seinen schmalen Straßen, die manchmal steil bergauf führen. St-Peter Port ist malerisch und viel gemütlicher als St-Helier, die Hauptstadt Jerseys.

St-Peter Port / **Geschichte**

Wer über die Treppen der Commercial Arcade geht, bekommt einen guten Eindruck davon, wie die Stadt früher ausgesehen hat. Schon zu Beginn unserer Zeitrechnung gab es hier eine Siedlung. Die ersten Häuser der Stadt standen direkt am Wasser. Im Laufe der Zeit wurden die Häuser immer weiter landeinwärts bis an die Felswände gebaut. So ist das schöne „vielschichtige" Stadtbild entstanden. Die ältesten Häuser stehen in der Cornet Street.

Seine Blütezeit erlebte St-Peter Port am Ende des 18. und zu Beginn des 19. Jahrhunderts. Schmuggel und Piraterie brachten der Hafenstadt großen Wohlstand. Denn während der Napoleonkriege hatten die englischen Schiffe von ihrer Regierung die Erlaubnis erhalten, französische Schiffe anzugreifen und auszurauben. Daß Schmuggeln sehr einträglich war, zeigt schon die Tatsache, daß der heutige Lieutenant-Gouverneur in einem alten Schmugglerhaus in der Queens Road wohnt. Im 19. Jahrhundert hat man vor der Küste von St-Peter Port Land gewonnen. Die Bevölkerung legte damals das Gebiet zwischen Glategny Esplanade im Norden und La Valetta im Süden trocken.

St-Peter Port / **Sehenswürdigkeiten**

Am Hafen steht die **Town Church**, die Pfarrkirche von St-Peter Port. Diese Kirche wurde vom 13. bis zum 15. Jahrhundert erbaut. Die Inneneinrichtung stammt aus dem vorigen Jahrhundert. Neben jedem Sitzplatz im Chor steht eine Lampe. In der Kirche hängen die Flaggen der Militia, der kleinen Armee, die St-Peter Port damals selbst unterhalten mußte. Gegenüber der Town Church befindet sich das **Picket House**, in dem mehrere Reisebüros untergebracht sind. Hier sind auch Karten für Ausflüge auf die anderen Kanalinseln erhältlich. Neben dem Picket House liegt der **Busbahnhof** von Guernsey, an dem alle Buslinien der Insel beginnen und enden.

Hinter der Kirche befindet sich die **Market Street**. Im Sommer wird hier jeden Donnerstag nachmittag ein volkstümlicher Markt abgehalten (→*Folklore*). In der gleichen Gegend liegen die Markthallen, die aus dem 19. Jahrhundert stammen und die **Guille-Allès Library**. Diese Bibliothek besteht schon mehr als hundert Jahre und ist sehr interessant für Besucher, die mehr über die Insel wissen wollen.

Etwas weiter kommt man zur **Notre Dame du Rosaire**. In dieser französischen Kirche findet im Sommer das Musikfestival statt. Die **St-James Concerthall** ist eine im neoklassizistischen Stil erbaute Kirche, die vor kurzem vollständig restauriert wurde. Auch hier werden Konzerte gegeben.

Wer eine schöne Aussicht über die ganze Stadt und den Hafen haben möchte, sollte auf den **Victoria Tower** steigen. Den Schlüssel zum Turm erhält man in der Feuerwehrkaserne auf der anderen Straßenseite.

Castle Cornet: In Castle Cornet bleibt die Vergangenheit wirklich lebendig. Täglich um zwölf Uhr mittags wird hier feierlich eine Kanone abgeschossen. Diese Zeremonie findet mit Musik und in Anwesenheit von Soldaten in traditioneller Uniform statt. Der Schuß ist auch in weiterer Entfernung zu hören. So weiß man auch ohne Uhr, wann es zwölf Uhr mittags ist. Castle Cornet liegt auf einer kleinen Insel vor der Küste von St-Peter Port und ist durch eine Mole mit der Stadt verbunden. Es wurde gebaut, als die Kanalinseln englisch wurden und sich deshalb vor französischen Angriffen schützen mußten (→*Allgemeine Informationen/Geschichte*). In den folgenden Jahrhunderten wurde die Festung ständig umgebaut und vergrößert. In Castle Cornet, das sehr schön restauriert wurde, sind drei Museen untergebracht: das *Main Guard Museum*, das *Maritime Museum* und das *Squadron Museum*.

Wer Castle Cornet besucht, unternimmt eigentlich eine Reise durch die Zeit. Die unterschiedlichen Baustile aus der langen Geschichte der Festung sind deutlich zu erkennen. Durch mehrere Tore und einen winkligen Gang kommt man in den ältesten Teil des Schlosses, den *Barbican*, mit seinen dicken Mauern und der kleinen Eingangspforte.

Dahinter führt eine Treppe hinauf in den *Prison Tower*, der als Gefängnis diente. Im *Prisoners' Walk* wurden die Gefangenen an die frische Luft geführt. Dieser lange, schmale Gang war ursprünglich der Eingang zum alten Schloß. Er ist so gestaltet, daß Angreifern der Zugang erschwert werden konnte. Von der höchsten Stelle des Barbican hat man eine schöne Aussicht über den Hafen und das Schloß.

In der *Citadel* stand früher ein Turm, in dem Munition gelagert wurde. Im Jahre 1672 wurde der Turm vom Blitz getroffen, und die Munition explodierte. Der Turm wurde vollständig verwüstet, und auch die Kapelle sowie die Wohnung des Gouverneurs erlitten schwere Schäden. Bei der Explosion kamen viele Menschen ums Leben.

Im *Main Guard Museum* wird ein Film über die Vergangenheit und Gegenwart von Guernsey gezeigt. Schwerpunkte des Films sind das politische System und die Traditionen der Insel. Das Feudalsystem mit Seigneurs und Pachtbauern, aber auch die heutige Wirtschaft der Inseln werden erläutert.

Im *Maritime Museum* wird deutlich, daß Guernsey schon immer von einem Volk von Seefahrern bewohnt wurde. Zur Ausstellung gehören viele Dokumente und Gegenstände, die etwas mit Schmuggeln und Piraterie zu tun haben. Außerdem stehen im Museum zwei Computer, mit denen die Besucher selbst Schiffe in den Hafen lotsen können. Besonders interessant ist der Wollanzug, der bis 1950 von Tauchern auf Guernsey getragen wurde.

Das Schloß ist von April bis Oktober zwischen 10.30 und 17.30 Uhr geöffnet. Täglich werden um 10.45 Uhr und um 14.15 Uhr Führungen durch die Burg angeboten.

Guernsey Museum & Art Gallery: Der größte Teil des Museums wird von einer Ausstellung über die Insel in Anspruch genommen. Geographie und Geschichte, Fauna und Flora sowie volkstümliche Bräuche und Traditionen Guernseys werden hier erläutert. Außerdem bekommt man eine Übersicht über die archäologischen Ausgrabungen und die prähistorischen Monumente auf der Insel. Auch das religiöse Leben der Insulaner wird erläutert. Da die Bevölkerung früher sehr abergläubisch war, erfährt der Besucher auch einiges über die Riten und Legenden auf Guernsey.

In der Art Gallery werden Werke hiesiger Maler ausgestellt. Der bekannteste Maler ist Peter Le Lièvre (der Hase), der im vorigen Jahrhundert viele Aquarelle auf Guernsey malte. Außerdem wechselnde Ausstellungen.

Das Museum ist täglich ab 10.30 Uhr geöffnet. Im Sommer schließt es um 17.30 und im Winter um 16.30 Uhr.

Candle Gardens: In den Gärten des Museums, den Candle Gardens, hat man eine prächtige Aussicht übers Meer. Bei schönem Wetter sind die Inseln Herm und Lihou deutlich zu sehen. Im Garten stehen Statuen von Königin Victoria und dem französischen Schriftsteller Victor Hugo. Hugo wird nachdenklich zu Boden schauend mit einem im Winde wehenden Mantel dargestellt.

Maison Vicor Hugo: Die Maison Victor Hugo steht an einer steilen Straße in St-Peter Port: Hauteville. In diesem Haus, hoch über dem Hafen von St-Peter Port, verbrachte Victor Hugo 15 Jahre seines Lebens. Er kam im Jahre 1851 als politischer Flüchtling nach Jersey, doch nach fünf Jahren wurde der eigensinnige Schriftsteller von der Insel verbannt. Er war 53 Jahre alt, als er sich auf Guernsey niederließ.

Hugo war nicht nur „d'une constitution robuste" (schwer gebaut), wie der Führer des Hauses erklärt, sondern besaß auch eine starke Persönlichkeit. Er richtete das schöne Haus ganz nach seinem eigenen Geschmack ein. Die Möbel und Wandverzierungen entwarf er selbst. Im Haus stehen unter anderem ein Tisch mit einer Schranktür als Platte und ein Kamin, in dem Tischbeine verarbeitet wurden. Auf mehreren Möbelstücken und auf der Wand findet man die Initialen V.H. und Lebensweisheiten von Hugo. Dieser Einrichtungsstil kann also mit gutem

Recht „Style Hugolien" genannt werden. Victor Hugo achtete auf alle Einzelheiten und verarbeitete Objekte aus aller Welt.

In den Zimmern der ersten Etage wurden Gäste empfangen. Ganz offensichtlich legte es Hugo darauf an, seine Gäste zu beeindrucken. Unter dem Dach befindet sich ein kleines Zimmer, in dem Hugo seine Bücher schrieb. Er soll dieses Zimmer gewählt haben, weil er von hier aus bei schönem Wetter Frankreich sehen konnte. Auch dieser Raum ist originell eingerichtet: Der Fußboden ist teilweise aus Glas, damit Hugo über die Spiegel in den unteren Fluren sehen konnte, was sich im Rest des Hauses abspielte.

Die Maison Hugo ist auf jeden Fall einen Besuch wert. Bei Führungen werden Erläuterungen nur in englischer und französischer Sprache gegeben. Das Haus ist vom 2. April bis zum 30. September von 10.30 bis 11.30 Uhr und zwischen 14 und 16.30 Uhr geöffnet. An Sonn- und Feiertagen bleibt Maison Victor Hugo geschlossen.

Beau Séjour: Nördlich von St-Peter Port liegt das Sport- und Unterhaltungszentrum Guernseys, Beau Séjour. Im hiesigen Theater wird jedes Jahr im Juli ein Tanzfestival veranstaltet. Im Beau Séjour steht auch das einzige Kino Guernseys. Des weiteren gibt es im Zentrum ein Schwimmbad mit einer riesigen Rutschbahn, eine Sauna und ein Solarium. Außerdem können die Besucher hier Bowling, Tennis, Squash und Tischtennis spielen sowie Fitneß betreiben.

Telefonische Auskunft: 72 72 11.

→*Sport*

La Valette Underground Military Museum: Wer südlich von St-Peter Port nach La Valette zum Aquarium fährt, sieht auf der rechten Seite eine riesige Felswand mit dem Eingang zum Underground Military Museum. Im Zweiten Weltkrieg wurden hier mehrere Tunnel in die Felsen getrieben. Die deutschen Soldaten benutzten die Gänge als Treibstofflager. Jetzt ist in den Tunnels ein Museum eingerichtet, in dem Gegenstände aus der Besatzungszeit ausgestellt werden. Das Museum ist täglich von 10 bis 17 Uhr geöffnet. Von Januar bis einschließlich März ist das Museum dienstags und mittwochs geschlossen.

Aquarium: Das Aquarium liegt in einem Tunnel, der im letzten Jahrhundert als Verbindung zwischen St-Peter Port und Fermain Bay angelegt wurde. Im Aquarium gibt es heimische und exotische Fische zu sehen. Die heimischen Fischarten schwimmen in Seewasser, das aus dem Meer gepumpt wird. Hier kann man übrigens auch den Ormer, die hiesige Fischspezialität, lebend sehen. Das Aquarium zeigt nicht nur die Fauna, sondern auch die Unterwasserflora der Kanalinseln.

Das Aquarium ist täglich ab 10 Uhr geöffnet und bleibt in der Hochsaison auch am Abend geöffnet.

Strände

Guernsey hat viele Strände, die wegen der geschwungenen Küstenlinie oft windgeschützt liegen.

Die Westküste

Die meisten Strände liegen an der Westküste der Insel.

Rocquaine Bay besteht aus zwei Teilen, dem Sandstrand Portelet Harbour und den Felsen nördlich von Fort Grey. Am Strand gibt es Toiletten und einen Kiosk. Im Coppercraft Centre werden Tee und Lunch angeboten.

Der erste Strand nördlich von Lihou Island ist *Bay de la Perelle*, ein Kiesstrand. Dann folgen die Sandstrände *Vazon Bay, Cobo Bay, Saline Bay, Port Soif, Port Grat, Grand Havre* und *Ladies Bay*. Diese Strände sind einfach zu erreichen und gut ausgestattet. An den meisten Stränden gibt es Parkplätze. Vazon Bay ist der größte Strand mit mehreren Kiosken und Toiletten und einer Strandkorbvermietung. Auch Cobo Bay ist sehr beliebt.

Die Nordküste

An der Nordküste liegt der prächtige Strand *Pembroke Bay*, der auch *L'Ancresse Bay* genannt wird. Hier findet man Kioske und Toiletten. Am Strand, der nur über einen Golfplatz zu erreichen ist, stehen vier Martello-Türme. Östlich von Pembroke Bay liegt ein Kiesstrand mit Felsen, die *Fontenelle Bay*.

Die Ostküste

Die Ostküste nördlich von St-Peter Port hat zwei Strände. Der nördlichste, *Bordeaux Harbour*, erscheint auf den ersten Blick nicht so einladend, da sich in der Umgebung von St-Sampson's Harbour viel Industrie angesiedelt hat. Dennoch hat dieser Sandstrand seine eigenen Reize. Viele Einheimische haben hier ihr Boot liegen und fahren von hier aus zum Fischen aufs Meer. Am Kiesstrand *Belle Greve Bay* gibt es keine Kioske und Toiletten.

Südlich von St-Peter Port liegen drei kleine Strände: *Havelet Bay*, in der Nähe des Hafens, *Soldiers Bay* und *Fermain Bay*. Die Soldiers Bay ist ein winziger Strand, der von Felsen umgeben ist und nur über einen Klippenpfad zu erreichen ist. Auch die Fermain Bay liegt zwischen den Klippen, doch wer die Wanderung über die steilen Felsen zu beschwerlich findet, kann mit dem kleinen Boot fahren, das zwischen St-Peter Port und dieser Bucht hin- und herpendelt.

Die Südküste

Zwischen den Klippen an der Südküste Guernseys ist nur Platz für wenige Strände. Diese Strände machen mit den hohen Felsen, von denen sie umgeben sind, einen sehr malerischen Eindruck und sind wegen ihrer Lage nach Süden sehr beliebt. Die *Petit Bot Bay* wird gerne von den Einheimischen besucht, aber auch die *Saint's Bay* und *Moulin Huet Bay* haben eine wunderschöne Lage. In diesen Buchten gibt es Kioske, Cafés und Toiletten. Auf den Klippenpfaden kann man herrliche Wanderungen unternehmen.

Strawberry Farm & Woodcarvers

In der Nähe des Flughafens von Guernsey bei St-Saviour befinden sich die Gewächshäuser einer Erdbeerfarm, die besichtigt werden kann. Mindestens genauso interessant ist das Atelier der Holzschnitzer, das sich auf dem gleichen Gelände befindet. Diese Kunsthandwerker fertigen sehr schöne Schnitzereien an und verarbeiten mehr als 40 verschiedene Holzarten. Sie restaurieren auch Antiquitäten.

Werkstatt und Gewächshäuser sind täglich ab 10 Uhr geöffnet.

Telephone Museum

In diesem kleinen Museum in Castel sind nicht nur die unterschiedlichsten Telefone, sondern auch Schaltzentralen, Seekabel und ähnliches ausgestellt. Die Besucher können die Apparate selbst ausprobieren. Das Museum ist nur an einigen Abenden in der Woche geöffnet. Auskünfte über die Öffnungszeiten erhält man bei der Tourist Information und im Museum: Tel. 5 79 04.

Tomato Centre

Tomaten waren jahrelang der wichtigste Exportartikel Guernseys. Sie werden in den zahlreichen Treibhäusern auf der Insel gezüchtet. Diese Treibhäuser wurden ursprünglich für Weintrauben gebaut, als aber im letzten Jahrhundert bekannt wurde, wie gesund Tomaten sind, stellten sich die Bauern auf die Erzeugung dieser Frucht um. Der Export erreichte in den 50er Jahren seinen Höhepunkt und nimmt seitdem langsam ab. Auf der Insel sieht man die „Toms" meistens in den kleinen Kisten am Straßenrand, in denen sie zum Kauf angeboten werden. Im Tomato Centre in Castel wird ein Videofilm gezeigt, der erläutert, wie die Guernsey-Tomaten in den Gewächshäusern gezüchtet werden.
Das Tomato Centre ist täglich von 9 bis 17.30 Uhr geöffnet.

Tropical Vinery and Gardens

Obwohl die Kanalinseln im warmen Golfstrom liegen, können tropische Pflanzen hier nur in Gewächshäusern gedeihen. In vier speziellen Häusern an der Westküste in der Nähe von L'Erée sind exotische Pflanzen und Blumen, Kakteen, Früchte und Bäume zu sehen. Jedes Gewächshaus hat ein spezielles Klima oder ein bestimmtes Thema.
Während der Hochsaison sind die Treibhäuser täglich von 10 bis 17 Uhr geöffnet.

Unterhaltung

Am besten kann man auf Guernsey im **Beau Séjour** in St-Peter Port ausgehen. Das Beau Séjour hat ein Theater und ein Kino, in dem meistens neue Filme gezeigt werden.

Der Konzertsaal **St-James** ist eine restaurierte neoklassizistische Kirche. Hier werden Ausstellungen organisiert und Konzerte gegeben. Meistens wird klassische Musik oder Jazz gespielt.
In den Hotels treten oft Kabarettisten und Musikgruppen auf.
Es folgt eine kleine Auswahl aus dem Angebot an **Nachtclubs** und **Diskotheken**:
Scarletts, Old Government House Hotel, St-Peter Port, Tel. 71 34 53.
The Golden Monkey, Lower Pollet, St-Peter Port, Tel. 72 67 55.
Whistlers, Hauteville, St-Peter Port, Tel. 72 58 09. Die Gäste müssen gut gekleidet sein, mit Jeans oder Turnschuhen wird man nicht eingelassen.
Pierrots Nightclub, St-Pierre Park Hotel, Rohais, Tel. 72 82 82.
Poets, Albany Hotel, Queen's Road, St-Peter Port, Tel. 71 00 14.

Unterkunft

Die Tourist Information in Guernsey gibt eine umfassende Broschüre mit allen Informationen über Hotels, Pensionen (Guest Houses) und Ferienwohnungen heraus. Diese Broschüre ist beim Fremdenverkehrsverein von Guernsey in Deutschland oder bei der Tourist Information in St-Peter Port erhältlich. Adresse: →*Auskunft*

Campingplätze
Auf den Campingplätzen kann man Zelte und andere Camper-Utensilien mieten. Preis für Übernachtung zwischen £3 und £6 pro Person.
Laleur, Torteval, Tel. 6 32 71.
L'Etoile Camp Site, Hougue Guilmine Vale, Tel. 4 43 25.
La Bailloterie, Vale, Tel. 4 45 08.
Fauxquets Valley Farm, Castel, Tel. 5 54 60.
Vaugrat Camp Site, Les Hougues, Route de Vaugrat, St-Sampson, Tel. 5 74 68.

Hotels
Auf Guersney gibt es etwa 400 Hotesls, Pensionen und Ferienwohnungen, die im allgemeinen von guter Qualität sind.
Old Government House, Ann's Palace, St-Peter-Port, Tel. 72 49 21. Halbpension pro Person und Nacht zwischen £45 und £83.

Bella Luce, La Fosse, St-Martin's, Tel. 3 87 64. Halbpension pro Person und Nacht zwischen £28 und £45.

Green Acres, Les Hubits, St-Martin's, Tel. 3 57 11. Halbpension pro Person und Nacht zwischen £33 und £48.

La Trelade, Forest Road, St-Martin's, Tel. 3 54 54. Halbpension pro Person und Nacht zwischen £31 und £43.

Idlerocks, Jerbourg Point, St-Martin's, Tel. 3 77 11. Halbpension pro Person und Nacht zwischen £24 und £44.

La Barbarie, Saint's Bay Road, St-Martin's, Tel. 3 52 17. Halbpension pro Person und Nacht zwischen £21 und £34.

La Favorita, Fermain Bay, St-Martin's, zwischen £31 und £46.

Pandora, 52-54 Hautevile, St-Peter Port, Tel. 2 09 71. Halbpension pro Person und Nacht zwischen £27 und £37.

The Marton, Les Vardes, St-Peter Port, Tel. 2 09 71. Halbpension pro Person und Nacht zwischen £27 und £30.

Valnord, Mount Durand, St-Peter Port, Tel. 72 49 10. Halbpension pro Person und Nacht £19.

Carousselle, The Grangs, St-Peter Port, Tel. 72 21 98. Halbpension pro Person und Nacht £18.

Pensionen

Tudor Lodge Deer Farm, Forest Road, Forest, Tel. 3 78 49. Übernachtung zwischen £28 und £33.

Greenoaks, Grande Lande, St-Saviour, Tel. 6 42 73/65 71. Halbpension pro Person und Nacht zwischen £19 und £24.

Rosewood, The Grange, St-Peter Port, Tel. 72 06 06. Halbpension pro Person und Nacht zwischen £14 und £16.

Le Jardin des Fleurs, Le Variouf, Forest, Tel. 3 82 13. Halbpension pro Person und Nacht zwischen £15 und £17.

Friends Vegetarian, 20 Hauteville, St-Peter Port, Tel. 72 11 46. Übernachtung zwischen £14 und £15.

Kellway House, 19 Sausmarez Street, St-Peter Port, Tel. 71 13 24. Übernachtung zwischen £11 und £14.

Vale Castle

An der Ostküste bei St-Sampson's Harbour befindet sich das Vale Castle, von dem nur noch die Mauern stehengeblieben sind. Das Schloß hatte früher die Aufgabe, den Hafen von St-Sampson zu beschützen.
Vom Schloß hat man einen weiten Blick über den Hafen und die Umgebung. An diesem Teil der Ostküste hat sich hauptsächlich Industrie angesiedelt. Hier steht eine große Shellraffinerie mit hohen, schwarzen Schornsteinen. Die Häuser sind im allgemeinen kleiner und niedriger als auf der restlichen Insel.

Wandern

Wer Guernsey besucht, sollte eine Wanderung entlang der **Südküste** machen. Die kurvenreichen Klippenpfade liegen mehr als zehn Meter über dem Meeresspiegel und bieten eine prächtige und abwechslungsreiche Aussicht auf die See. Vor allem bei stürmischem Wetter, wenn das Wasser mit Gewalt gegen die Felsen schlägt, ist solch ein Spaziergang höchst eindrucksvoll. An weniger schönen Tagen kann man sich auf einer Klippenwanderung einmal richtig schön den Wind um die Nase wehen lassen.
Bei St-Peter Port gibt es steile Klippenwege über die Fermain Bay zum Jerbourg Point. Zwischen St-Peter Port und Fermain Bay pendelt auch ein kleines Boot. Zwischen den beiden Aussichtspunkten Jerbourg Point und Icart Point läuft man an der Moulin Huet Bay entlang. Hier, wie auch an der Petit Bot Bay, lohnt es sich, ein Stück landeinwärts zu wandern. Die schmalen, schattigen Wege führen an kleinen Bächen entlang und eignen sich vor allem an warmen Tagen ausgezeichnet für einen Spaziergang. Man kann von der Petit Bot Bay bis nach Pleinmont im Südwesten Guernseys laufen. Die Landschaft und die Flora sind sehr abwechslungsreich und bieten dem Wanderer oft eine wunderschöne Aussicht. Die Klippenpfade enden bei Pleinmont, einem ruhigen, abgelegenen Gebiet der Insel, in dem an manchen Abenden einmalige Sonnenuntergänge zu beobachten sind.
Auch an der **Nordküste** Guernseys gibt es Klippenpfade. Die schöne L'Ancresse Bay mit ihren vier Martello-Türmen und dem Golfplatz ist

ein beliebtes Wandergebiet. An manchen Stellen, zum Beispiel bei Mont Herault, gibt es viele Disteln. Deshalb ist es ratsam, feste Wanderschuhe oder Stiefel zu tragen. Auf Guernsey werden Wanderführer mit genau beschriebenen Wanderwegen verkauft.

Die Westküste: Dieser Küstenweg wird durch eine hohe Mauer begrenzt, die die deutschen Soldaten während des Zweiten Weltkrieges gebaut haben. Diese Mauer schützt den Wanderer bei stürmischem Wetter vor der Gischt. Im Winter, bei wirklich hohem Seegang, ist dieser Weg manchmal zu gefährlich. Wasser und Steine können dann über die Mauer schlagen. Daher müssen die Küstenwege oft für den Verkehr gesperrt werden.

Zoo

Der Zoo von Guernsey liegt in St-Andrew, in der Nähe des Flughafens. In diesem kleinen Tiergarten sind hauptsächlich Vögel und kleine Säugetiere zu sehen. Der Zoo ist vor allem bei den Kindern beliebt, da es hier auch einen Spielplatz gibt.

Der Zoo ist täglich ab 10 Uhr geöffnet.

Alderney, Herm und Sark

Alderney

Die nördlichste Kanalinsel, Alderney, wurde früher von Piraten bewohnt. Die heutigen Einwohner nennen ihre Insel auch „die häßliche kleine Schwester der Kanalinseln".

Im 19. Jahrhundert wurden hier zwölf Festungen errichtet. Im Zweiten Weltkrieg diente Alderney den deutschen Besatzern als Gefängnis. Die Bewohner der anderen Kanalinseln sagen über Alderney, daß es eine kahle, windige Insel sei, auf der 2300 Trunkenbolde wohnen, die nichts

Besseres zu tun haben, als im Pub zu sitzen. Dennoch hat Alderney seinen eigenen Reiz, nicht zuletzt, weil die Insulaner sehr herzlich und gastfreundlich sind. Wer auf Alderney in einen Pub geht, findet meistens schnell Anschluß.

Alderney / **Autovermietungen**
Die Entfernungen sind auf Alderney so gering, daß man eigentlich kein Auto braucht. Wer trotzdem ein Auto mieten will, kann sich an folgende Firmen in St-Anne wenden:
Riduna Garage, Braye Street, Tel. 82 29 19.
Alderney Taxis and Hire Cars, Braye Street, Tel. 82 26 11/82 29 92.
Star Rent-a-Car, Mouriaux Motors, Tel. 82 27 27.
Grand Self Drive, On the Butes, Tel. 82 28 48.

Alderney / **Bars**
The Divers Inn liegt in Hafennähe an der Braye Road. Der Fußboden ist mit Sand bedeckt, und unter dem Sand hat man an einer bestimmten Stelle eine Münze festgeklebt. Besucher, die die Münze aufheben wollen, müssen ein Pfund in die Kasse des Wohltätigkeitsvereines für Seefahrer einzahlen. Auch *The Moorings* liegt am Hafen. *Georgian House*, *Marais Hall* und *Harbour Lights* sind gemütliche Pubs in St-Anne. In den Pubs auf Alderney wird noch ein alter Brauch gepflegt, der *Milka-Punch Sunday*. Am ersten Sonntag im Mai bekommen die Gäste kostenlos ein Glas Milk-a-Punch. Dieses Getränk besteht aus Milch mit einem rohen Ei und Rum. Früher war es an diesem Tag erlaubt, bei den Bauern eine Kuh zu melken und ein Ei aus dem Hühnerstall zu holen; nur für den Rum mußte man selbst sorgen.

Alderney / **Bevölkerung**
Die Einwohner von Alderney (wie „Olderney") hängen sehr an ihrer Insel. Manche Insulaner wohnen zehn oder fünfzehn Jahre in England, aber fast jeder kehrt wieder auf die Insel zurück. Die Bevölkerung war ursprünglich französisch und sprach das „Patois", einen Dialekt aus der Normandie. Als im letzten Jahrhundert die Festungen an der Küste Alderneys erbaut wurden, kamen viele Engländer und vor allem Iren auf die Insel. Die englische Sprache verdrängte den Dialekt, und nun

ist Alderney die einzige Kanalinsel, auf der kein Patois mehr gesprochen wird.
Wer auf Alderney wohnen will, braucht kein hohes Einkommen nachzuweisen, wie es auf Jersey und Guernsey erforderlich ist. Es gibt allerdings eine andere Einschränkung: Auf Alderney dürfen jedes Jahr nur fünf Häuser gebaut werden, und deshalb können sich nur wenige hier niederlassen.

Alderney / **Restaurants**
Es gibt einige gute Restaurants auf Alderney. Auch viele Hotels haben eine ausgezeichnete Küche, zum Beispiel *Rose and Crown*, Le Huret, Tel. 82 34 14.

Alderney / **Sehenswürdigkeiten**
Ein Besuch auf Alderney beginnt in **St-Anne,** der Hauptstadt der Insel. In diesem hübschen Städtchen gibt es malerische Gassen mit bunt angestrichenen Häusern. In der Geschäftsstraße Victoria Street steht die *St-Anne's Parish Church*, eine schöne Kirche aus dem 19. Jahrhundert. Im *Court House* tagt das Parlament von Alderney. Die Insel hat eine eigene Volksvertretung, doch für Finanzangelegenheiten ist Guernsey zuständig. Daher hat Alderney auch zwei Vertreter im Parlament von Guernsey sitzen.
Das *Island Museum* ist in einem alten Schulgebäude untergebracht. Die Besucher können hier alles über die Geschichte Alderneys erfahren. Das Museum ist jeden Morgen geöffnet, Tel. 82 32 22.
In *The Alderney Pottery*, Les Mouriaux, St-Anne, haben zwei Töpfer ihr Atelier. Hier wird auch englischer Tea mit herrlichem selbstgemachten Gebäck serviert. Öffnungszeiten von 9 Uhr bis 17 Uhr. Sonnabends ist das Atelier ab 13 Uhr geschlossen, und sonntags ist Ruhetag.
Wenn man über Alderney wandert, kommt man am Hafen, den Festungen und den Klippen vorbei. Der **Wellenbrecher** vor dem Hafen wurde im letzten Jahrhundert angelegt. Königin Victoria wollte Alderney zu einem strategisch wichtigen Punkt machen, einem „Gibraltar of the Channel". Man baute einen Hafen für die britische Flotte und errichtete zwölf Festungen rund um die Insel. Die Festungen wurden zwischen 1845 und 1861 errichtet und sind nun so verfallen, daß sie nicht besichtigt

werden können. Nur **Fort Clonque** wurde ein wenig restauriert. Diese Burg liegt auf einer kleinen Insel vor der Küste, zu der ein sehr schlecht gewarteter Weg führt. **Fort Albert** ist das größte Fort auf Alderney. Hier hat man mit Sprengstoff experimentiert, um zu untersuchen, welche Mengen für die Zerstörung der deutschen Bunker erforderlich waren. Fort Albert wurde in der Tat zerstört, die Bunker konnten den Explosionen allerdings standhalten. Das **Essex Castle** stammt aus dem 16. Jahrhundert und wurde im 19. Jahrhundert renoviert. Das Schloß ist in Privatbesitz und wird bewohnt.

Klippenpfade gibt es an der Südküste und an der Südostküste Alderneys. Sie führen an weiten Feldern vorbei, auf denen im Frühjahr unzählige gelbe, weiße und rosafarbene Blumen blühen.

Alderney ist stolz auf seine **Dampflokomotive**, die noch immer für die Touristen vom Hafen zum südöstlichen Teil der Insel fährt. Früher transportierte die Bahn hauptsächlich Steine aus dem Steinbruch Mannez Quarry. In der Nähe des Steinbruchs steht der **Leuchtturm** von Alderney. Er wurde 1923 erbaut und befindet sich noch in seinem ursprünglichen Zustand. Wenn das Personal Zeit hat, können interessierte Besucher den Leuchtturm von innen besichtigen.

Die Vogelinsel **Burhou** liegt drei Kilometer nordwestlich von Alderney. Im Sommer kann man eine Bootfahrt um Alderney zur Vogelinsel unternehmen. Während der Brutzeit, von Mitte März bis Mitte Juli, ist Burhou für Besucher gesperrt. Nähere Auskünfte bekommt man im Harbour Office, Tel. 82 26 20.

Alderney / **Strände**

Die Strände auf Alderney sind unberührt: Es gibt keine Cafés, Restaurants, Kioske, Toiletten oder ähnliches. Die größten Strände sind **Braye Bay**, gleich neben dem Hafen, und **Longis Bay** an der Ostküste Alderneys. **Saye Bay**, **Arch Bay** und **Corblets Bay** sind drei kleinere Stände im Norden der Insel. Diese schönen Sandstrände eignen sich hervorragend zum Schwimmen. Bei **Crabby Bay** und **Platte Saline** treten starke Strömungen auf. Hier sollte man nicht schwimmen gehen.

Alderney / **Unterkunft**
Umfassende Informationen über die Unterkünfte auf Alderney sind bei der Tourist Information auf Jersey und Guernsey erhältlich (→*Allgemeine Informationen*).

Alderney / **Wirtschaft**
Auch auf Alderney gibt es Bankfilialen, die vom Steuerparadies auf den Kanalinseln profitieren. Auf der Insel stehen drei Bauernhöfe mit insgesammt 103 Kühen. Die Bauernhöfe produzieren nur für die hiesige Bevölkerung: Käse und Butter entsprechen nicht EG-Normen, da sie zuviel Fett enthalten. Ein Frachtschiff bringt jede Woche Lebensmittel und andere Waren, die nicht auf der Insel produziert werden, nach Alderney. Die Fischerei ist von großer wirtschaftlicher Bedeutung für die Bevölkerung. Wegen des weitgehend unfruchtbaren Bodens gibt es nur wenig Ackerbau. Im letzten Jahrhundert wurde das Land gerecht unter den Bauern verteilt: Jeder bekam ein Stück gutes und ein Stück schlechtes Land.

Herm
Vögel, Schmetterlinge, Pflanzen, Blumen, ruhige Strände und das Meer..., das gibt es auf Herm zu sehen. Herm wird oft „ein kleines Paradies" oder „der Himmel auf Erden" genannt. Das ist auch kein Wunder: Keine Autos stören die himmlische Ruhe, und die Natur auf der Insel ist weitestgehend unberührt geblieben.
Seit 1949 wird Herm von den States of Guernsey an Major Wood verpachtet. Ihm gehören alle Betriebe auf Alderney: ein Hotel, ein Restaurant, ein Zeltplatz, Ferienhäuser, ein kleines Geschäft und zwei Strandcafés. Wood sorgte dafür, daß es auf der Insel Elektrizität gibt, Wasser- und Telefonleitungen gelegt wurden. Durch ihn ist die Insel geworden, was sie heute ist. Der Pachtvertrag läuft im Jahre 2050 aus. In Zukunft werden die Kinder Woods den Vertrag übernehmen.
Herm ist nur 2,5 km lang und 800 m breit. Die Insel liegt circa 5 km östlich von Guernsey und ist mit dem Boot ausgezeichnet zu erreichen.

Herm / **Anreise**
Das Boot nach Herm legt gegenüber vom Picket House in St-Peter Port ab. Fahrkarten sind bei mehreren Gesellschaften erhältlich. Die Büros befinden sich am Hafen von St-Peter Port. Eine Rückfahrkarte kostet ungefähr £6. Bei manchen Gesellschaften muß man vor der Abreise schon angeben, wann man wieder zurückfahren will. Für diesen Fall sollte man wissen, daß bei schlechtem Wetter ein halber Tag auf Herm ausreicht. Die Reise dauert 20 Minuten. Bei Flut legt das Boot im Hafen von Herm an, bei Ebbe fährt es nach Rosière Steps.
Auf dem Weg nach Herm liegt *Jethou*. Auf dieser Insel, die in Privatbesitz ist, wohnt nur eine einzige Familie. Jethou ist nicht zu besichtigen.

Herm / **Bars und Restaurants**
Die meisten Besucher, die etwas trinken wollen, gehen zur *The Mermaid Tavern*, einem Pub mit Restaurant in der Nähe vom Hafen. Auf der Insel gibt es noch einen anderen Pub, *The Ship Inn*, der zum „White House Hotel" gehört. Hier werden auch warme Mahlzeiten serviert. Am Shell Beach und am Bevoir Beach gibt es Strandcafés. Die Toiletten befinden sich zwischen beiden Stränden.

Herm / **Bevölkerung**
Auf Herm wohnen ständig etwa 40 Menschen. Im Sommer kommen viele auf die Insel, um im Gaststättengewerbe zu arbeiten. Es gibt eine kleine Inselschule für die Kinder zwischen fünf und zehn Jahren. Familien mit Kindern über zehn Jahre ziehen meistens nach Guernsey um.
Auf Herm wurden mehrere neolithische Gräber entdeckt, die darauf hinweisen, daß es schon in der frühen Steinzeit Menschen auf der Insel gab. Man sagt, daß sich früher vor allem Mönche auf Herm niedergelassen hätten. Im 6. Jahrhundert soll hier eine Frau aus Wales, Ste-Tugal, bis zu ihrem Tod gewohnt haben.

Restaurants →*Bars*

Herm / **Sehenswürdigkeiten**
Auf einer **Wanderung** kann man die Insel am besten erkunden. Herm ist so klein, daß hier nicht einmal Fahrräder vermietet werden. Wer nicht

so weit laufen will, kann mit Pferd und Wagen über die Insel fahren. Die Kutschfahrt beginnt bei „The Mermaid Tavern". Entlang der Nordküste kann man über Feldwege und Strände wandern, an der Südküste gibt es Klippenpfade, die etwas beschwerlicher sind.
Mitten auf der Insel steht **The Manor House**, das der Familie Wood gehört. Wer die Insel besucht, kann sich die **Kapelle**, die Ste-Tugal geweiht ist, und den Bauernhof von Herm ansehen. Auf dem Grundstück von „The White House Hotel" steht das winzige, merkwürdig aussehende Gefängnis. Im Norden der Insel, in der Nähe vom **Obelisk**, befand sich früher ein prähistorisches Grab, **Pierre aux Rats**. Die Stelle ist noch immer auf den Landkarten von Herm eingetragen, doch die Steine wurden schon im letzten Jahrhundert nach London verschifft. An der Westküste von Herm, bei Oyster Rock, kann man bei Ebbe die Austernbänke sehen. Die Austern werden in Metallkonstruktionen gezüchtet und dann mit einem Traktor vom Strand geholt.

Herm / **Strände**
Bei schönem Wetter ist es herrlich, einen Tag am Strand zu verbringen. Es ist sehr ruhig, denn es ist verboten, Radios und ähnliches mit an den Strand zu nehmen. Die Strände liegen auf der nördlichen Hälfte der Insel. Die Südküste besteht aus Felsen. Die schönsten Strände sind **Shellbeach** und **Belvoir Beach**. Der Shellbeach ist berühmt wegen der prächtigen Muscheln, die man hier in großen Mengen findet. Der Belvoir Beach ist von Felsen umgeben und liegt deshalb sehr windgeschützt. An beiden Stränden gibt es ein Café. Am **Mouison nière Beach** ist es nicht immer angenehm, weil hier ein scharfer Wind wehen kann.

Herm / **Unterkunft**
Appartements
Auf Herm kann man Appartements und Ferienhäuser mieten. Die meisten liegen auf dem Land mit Meersicht. Information: Tel. 72 23 77. Preis pro Woche: zwischen £120 und £570.
Campingplätze
Herm Island Camping, Tel. 72 23 77. Der Campingplatz von Herm liegt ganz in der Nähe der Belvoir Bay. Zelte kann man mieten. Preis pro Person und Nacht zwischen £2,5 und £4.

Hotel
Herm besitzt ein Hotel, *The White House Hotel,* Tel. 72 21 59. Es liegt in der Nähe des Hafens. Von der Terrasse hat man einen schönen Blick auf das Meer. Halbpension pro Person und Nacht: zwischen £35 und £55.

Herm / Wirtschaft
Tourismus und die Austernzucht des Bauernhofes bilden die Einnahmequellen der Bevölkerung auf Herm.

Sark

Auf Sark scheint sich seit dem Mittelalter wenig verändert zu haben. Das Leben ist hier ruhig und ländlich. Autos sind auf der Insel absolut verboten. Ein Arzt, der wegen seines Berufes darum bat, sein Auto benutzen zu dürfen, bekam zu hören, daß sein Auto dann eben von einem Pferd gezogen werden müsse. Sark ist eine Insel zum Wandern und zum Fahrradfahren. Es ist auch möglich, die Insel mit Pferd und Wagen zu erkunden. Nach der Ankunft in **Maseline Harbour** kann man mit dem öffentlichen Verkehrsmittel (ein Traktor mit einem Anhänger) zum **Village** fahren. Mit dem Traktor kommt man nur bis zum „Bel Air Restaurant", das auf einem steilen Hügel liegt. Gleich hinter dem Restaurant werden Pferdekutschen für Rundfahrten auf der Insel vermietet. Im Village gibt es einige Geschäfte, in denen auch die typischen violettfarbenen „Sarkstones" verkauft werden, und außerdem zwei Banken, ein Postamt und die Tourist Information. Dahinter befindet sich eine kleine Schule neben dem winzigen Gefängnis von Sark und eine Kirche. In einer Einfahrt steht der Krankenwagen von Sark: ein Wohnwagen, der von einem Traktor gezogen wird. Denn seit dem Krieg sind Traktoren auf der Insel zugelassen. Die 60 Traktoren, die es auf Sark gibt, werden für alles Mögliche genutzt: auf dem Bauernhof, beim Bau, aber auch zum Einkaufen.

Im Süden der Insel liegt **Little Sark**. Diese Halbinsel ist durch einen schmalen Felsweg mit Sark verbunden. Dieser Pfad, **La Coupée**, ist die größte Touristenattraktion auf Sark.

Auf Sark herrscht noch Feudalherrschaft: Die Insel ist im Besitz eines Seigneurs, Michael Beaumont. Im 16. Jahrhundert bekam der damalige Seigneur von Jersey, Helier de Carteret, von Königin Elisabeth I. den Auftrag aus Sark eine bewohnte Insel zu machen. Er nahm 40 Familien mit nach Sark und verpachtete jeder ein Stück Land. Diese 40 bilden noch heute, zusammen mit zwölf gewählten Mitgliedern, das Parlament von Sark. Der heutige Seigneur erbte die Insel 1974 von seiner Großmutter, Dame Sybil Hathaway. Sie war eine große Persönlichkeit, und die Bevölkerung spricht noch immer mit hohem Respekt von ihr. Einer der Bewohner drückte es so aus: „Dame Sybil hatte das gewisse Etwas, das dem heutigen Seigneur fehlt." Wie dem auch sei, auch unter der Leitung von Seigneur Michael ist der ursprüngliche Charakter der Insel erhalten geblieben. Sark hat noch seine eigenen Gesetze und ist damit die kleinste Insel im Vereinigten Königreich mit eigener Rechtsprechung.

Sark / **Anreise**
Zwischen Guernsey und Sark gibt es eine Bootsverbindung der Gesellschaft *Isle of Sark Shipping*. Die Boote verkehren täglich außer sonntags zwischen den Inseln. In der Hochsaison fahren sechs Boote pro Tag. Die Fahrt dauert 40 Minuten. Eine Rückfahrkarte kostet ungefähr £14, Kinder zahlen die Hälfte. Die Anlegeplätze befinden sich am Pier bei Glategny Esplanade auf Sark und an der North Esplanade in St-Peter Port auf Guernsey.
Auskünfte: Isle of Sark Shipping Company, White Rock, St-Peter Port, Tel. 72 40 59.

Sark / **Bars**
Das *Harbour Café*, in der Nähe des Hafens von Sark, ist ein gemütlicher Pub, in dem sich die Einwohner der Insel treffen, um miteinander zu plaudern und zu trinken.

Sark / **Bevölkerung**
Auf Sark wohnen etwa 550 Menschen. Es gibt genügend Kinder auf der Insel für eine eigene Grundschule. Der wichtigste Einwohner der Insel ist der Seigneur, Michael Beaumont, der noch immer aus dem

Mittelalter stammende Vorrechte genießt. Häuser sind auf Sark teuer. Die Bevölkerung hat daraufhin ein ganz besonderes System entwickelt: Man mietet ein Haus für 60 Jahre und zahlt dem Hauseigentümer die Miete für diese 60 Jahre im voraus. Dieser Betrag ist niedriger als der Kaufpreis, und der Mieter besitzt ein Haus fürs ganze Leben.

Auf Sark gibt es keine Sozialleistungen, aber alle Insulaner, ob arm oder reich, sind verpflichtet, einige Tage im Jahr am Straßennetz (ohne Straßenbelag) Sarks zu arbeiten. Weniger wohlhabende Einwohner übernehmen diese Pflicht gegen Bezahlung von den Reicheren.

Einwohner mit einem kleinen Einkommen können sich darauf verlassen, daß die anderen Insulaner ihnen helfen. Es ist ganz normal, wenn ärmere Mitbürger eine Tasche mit Lebensmitteln an ihrer Haustür finden. Sie dürfen unter der Voraussetzung Gemüse aus den Gärten ihrer Nachbarn holen, daß sie nicht das letzte Gemüse einer Art mitnehmen; der vorletzte Kohlkopf darf genommen werden, den letzten läßt man stehen.

Sark / **Fahrradvermietungen**
Fahrräder werden in der Nähe der Tourist Information von Sark bei folgenden Firmen vermietet:
Jackson's Cycle Hire, Tel. 21 61.
Isle of Sark Cycles, Bel Air, Tel. 22 67/22 62.

Sark / **Gouliot Caves**
Ein ganz besonderes Erlebnis für sportliche Besucher ist eine Höhlenwanderung durch die **Gouliot Caves**. In der Felsküste von Sark befinden sich 51 Höhlen. Die meisten kann man nur bei Ebbe erreichen, bei Flut stehen die Höhlen unter Wasser. Die Grotten können daher auch nur unter Leitung des erfahrenen Führers Terrance Kiernan besichtigt werden.

Die Gouliot Caves liegen an der Westküste. Sie sind zum größten Teil miteinander verbunden und stechen als schwarze Löcher aus der roten Felswand hervor. Innen sieht man verschiedene Gesteine: Granit, Sandstein, Marmor und funkelnde Gesteinsarten, zum Beispiel den typischen violetten „Sarkstone". Tief in den Höhlen ist es stockfinster, oft muß man über rutschige Felsen klettern oder sich durch schmale Gän-

ge winden. In manchen Höhlen bleibt das Wasser bei Ebbe in kleinen Tümpeln stehen. Hier leben Muscheln, Anemonen und eine Art Seegras, das im Wasser blaurot glänzt.
Wer die Gouliot Caves besuchen will, setzt sich am besten telefonisch mit Mr. Terrance M. Kiernan, La Petite Rondellerie, Sark, Tel. 24 10, in Verbindung oder ruft die Tourist Information auf Sark an. Für eine Wanderung durch die Gouliot Caves braucht man eine gute Kondition und muß bereit sein, durch ziemlich tiefes Wasser zu laufen und auf steile Felsen zu klettern.
Kleidung: Für eine Höhlenwanderung braucht man feste, knöchelhohe Wanderschuhe, dicke, nicht zu weite, lange Hosen und eine Windjacke. Nicht mit Turnschuhen in die Höhlen gehen, denn die Sohlen sind zu glatt.

Sark / **Restaurants**
Hervorragender Tee und ein ausgezeichneter Lunch wird auf Little Sark im Teehaus des Hotels *La Sablonnerie* serviert. Wenn man essen gehen möchte, sollte man zuvor reservieren, Tel. 20 61.
Das Lokal *La Moinerie*, Tel. 20 89, ist in einem alten Bauernhof untergebracht.

Sark / **Sehenswürdigkeiten**
Nördlich von Maseline Harbour steht der **Leuchtturm** von Sark, der auch besichtigt werden kann.
Die Wohnung des Seigneur, die Seigneurie, ist für Touristen nicht zugänglich, dafür aber die **Gärten der Seigneurie.** Es ist offensichtlich, daß der Seigneur ein echter Gartenliebhaber ist. Vom Frühling bis zum Herbst stehen die Gärten in voller Blüte. Sie sind von Mauern umgeben, die früher zur Verteidigung der Seigneurie dienten. In einem Garten steht ein Taubenschlag, ein „Colombier". Noch immer ist der Seigneur der einzige auf der Insel, der Tauben halten darf. In der Hochsaison sind die Gärten von Dienstag bis Freitag, und in der Vor- und Nachsaison mittwochs und freitags geöffnet.
Von der **L'Eperquerie**, dem nördlichsten Punkt der Insel, hat man eine schöne Aussicht auf Herm, Jethou und Alderney im Norden und Guernsey im Westen.

Eine der schönsten Sehenswürdigkeiten von Sark ist **La Coupée**, der Weg auf die Halbinsel Little Sark. Diese Verbindung besteht eigentlich nur aus einer hohen Felswand mit einem schmalen Pfad. An beiden Seiten fallen die Klippen steil ins Meer ab. Die Geländer neben dem Weg gab es früher nicht. Damals krochen Kinder, die beim Überqueren der Felswand Angst bekamen, auf Knien über den Pfad. Vom La Coupée führt eine lange Treppe zum Strand Grande Grève hinunter. Auf der Südspitze von Sark befinden sich Silberminen, in denen im letzten Jahrhundert Silber gewonnen wurde.

Bei Ebbe kann man mit einem Führer die **Gouliot Caves** besuchen (→dort). Die Tourist Information erteilt Auskünfte über *Kutschfahrten* und *Bootsfahrten* um die Insel. Westlich von Sark liegt die Insel **Brecqhou**, die in Privatbesitz ist und nicht besucht werden kann. Dame Sybil Hathaway verkaufte die Insel im Jahre 1929 für £3000 an einen Hotelier, der Brecqhou 1966 für £46 000 an den Millionär und Kosmetikfabrikanten („Max Factor") Leonard Matchan verkaufte. Dieser hinterließ die Insel seiner Sekretärin, mit der er ein Verhältnis hatte. Im Jahre 1991 wurde die Insel wieder zum Verkauf angeboten. Der Preis soll £1 000 000, einschließlich Hubschrauber, betragen haben.

Sark / **Strände**

Die **Dixcart Bay** ist der beliebteste Strand auf Sark. Sie ist gut erreichbar, und man kann hier gefahrlos schwimmen.

Neben der Dixcart Bay liegt die **Derrible Bay**. In den Felsen am Strand befinden sich mehrere Höhlen. Der Strand ist nur bei Ebbe zu erreichen. Es ist wichtig, den Strand rechtzeitig, vor Eintreten der Flut, wieder zu verlassen.

Die **Grande Grève Bay** ist bei Ebbe ein breiter Sandstrand. In La Coupée führt eine lange Treppe zum Strand hinunter. Beim Herabklettern sollte man vorsichtig sein.

Sark / **Telefon**

Alle Telefonummern beginnen auf Sark mit 83. Dann wählt man eine Nummer mit vier Ziffern. Wenn man von Jersey oder außerhalb der Kanalinseln nach Sark telefoniert, muß man erst die Nummer von Guernsey wählen, Tel. 04 81.